小学生
学习习惯关键培养

木紫◎编著

中国妇女出版社

图书在版编目（CIP）数据

小学生学习习惯关键培养 / 木紫编著.--北京：中国妇女出版社，2017.1（2025.3 重印）
ISBN 978-7-5127-1354-3

Ⅰ.①小… Ⅱ.①木… Ⅲ.①小学生－学习能力－能力培养 Ⅳ.①G622.46

中国版本图书馆CIP数据核字（2016）第241433号

小学生学习习惯关键培养

作　　者：木　紫　编著
责任编辑：万立正
封面设计：柏拉图
责任印制：王卫东
出版发行：中国妇女出版社
地　　址：北京市东城区史家胡同甲24号　　邮政编码：100010
电　　话：（010）65133160（发行部）　　65133161（邮购）
法律顾问：北京市道可特律师事务所
经　　销：各地新华书店
印　　刷：北京通州皇家印刷厂
开　　本：170×240　1/16
印　　张：14.5
字　　数：200千字
版　　次：2017年1月第1版
印　　次：2025年3月第13次
书　　号：ISBN 978-7-5127-1354-3
定　　价：29.80元

前言
Preface

有一天，大家一起在聊天，一位妈妈说：“我女儿放学后就写作业，从来不用我操心！”另一位妈妈说：“难怪你女儿学习成绩那么好，有好习惯啊！我儿子可不行，每天都得我提醒，要不就玩忘了！我是一天都不敢松懈啊！”

当孩子在学习上没有养成好习惯的时候，不光妈妈累，孩子也不自在。

习惯是一个自动化的动作和稳定的行为方式，当孩子养成某种良好的习惯后，这种习惯犹如物理学上的惯性力量，对行为会起到一种动力的作用。此时的孩子习惯成自然了，不需要甚至反感别人的监督、提醒、安排，也不需要自己刻意去管着自己。这样的孩子，是具有一定的自主性、自觉性、坚持性、主动性的。从长远发展来看，一个能控制自己的人，不会被外控或他控，自然会有大好前程。

相反，养成了不良习惯的孩子，改正起来不容易，因为已经成了人格特质，渗透到行为方式中去了！

我们在培养孩子好习惯的过程中，自然就抵制了不良习惯的形成。相反，如果我们不培养孩子的好习惯，不良习惯也就形成了。其中，不养成好习惯的习惯是最坏的习惯。早一天养成好习惯，就会早一天不被不良习惯干扰。

小学阶段，是良好学习习惯培养的关键期。为什么这么说呢？

孩子进入小学后，就开始了学习生活。学习行为对刚走入校门的孩子来讲就如同宝宝出生后的吃饭、穿衣、睡觉一样，都是从0开始，一次、两次、三次……多次的累积后就成了一个模式，好的、积极的、有利于学习的模式来自一次又一次好的行为的重复和强化！

举个例子，孩子第一天放学后就先写作业，第二天、第三天依然这样，第四天或许被什么事情吸引了，妈妈说一句“写完作业再玩吧”，他乖乖地就先写作业了，如此下去，坚持21天就成了习惯性动作，90天后就形成了稳定的习惯，这时，如果你让他先做别的然后再写作业，在没有充分理由的情况下，孩子一定不同意。为什么呢？因为养成一个好习惯后，这样的行为就自动化了，认知结构中也就有了这样的认识。

为什么有的孩子就养成了好习惯，有的孩子没有呢？问题在于父母。小学生对时间的安排能力、对任务的计划能力、自我控制能力、学习上的责任感等都不够强。要他放下有趣的事情集中精力学习，不容易。如果他管不住自己，就难以把一个好的学习行为坚持21天、90天。这种情况下，父母的帮助与引导很重要。父母要懂得运用重复、强化、惩罚的心理学方法来帮助孩子接受、认同、内化！让一个又一个好行为形成好习惯内化成好人格！这样，孩子不但拥有了获取好成绩的能力，还会有成就完满人生的资本！

特别感谢王玉新、张志强、郗玉森、李祥仁、王玉芝、李松敏、魏庆丽、李进科、郗华民、张钊、张振忠、王锁娣在资料收集、文字整理等方面的大力支持。

木　紫

2016年6月

目 录
Contents

第7章 讲究记忆方法习惯——让记忆变轻松

第8章 博爱各科习惯——防止偏科的好习惯

第9章 高效解题习惯——准确、快速做对

第1章

养成好习惯

——开启学霸模式

古人云：“积行成习，积习成性，积性成命！”有好习惯的人会有好命运。小学阶段是习惯养成的关键期，养成好习惯，才会有好成绩，才能建立好人格，才能为未来打下好基础！

学习习惯影响一生

为什么学习习惯影响一生呢?

美国心理学巨匠威廉·詹姆士说:“播下一个行动,你将收获一种习惯;播下一种习惯,你将收获一种性格;播下一种性格,你将收获一种命运。”

俄国教育家乌申斯基说得更深刻、更形象:好习惯是人在神经系统中存放的资本,这个资本会不断地增长,一个人毕生都可以享用它的利息。而坏习惯是道德上无法偿还清的债务,这种债务能以不断增长的利息折磨人,使他最好的创举失败,并把他引到道德破产的地步。

这个一点儿都不难理解。举个例子,有两个男孩,一个从小就做事,妈妈吩咐的事情,开心地去做,不偷奸耍猾,读书学习也努力用功,一天天,就养成了勤奋的习惯,形成了积极的性格,学业、工作、家庭都经营得很好。另一个从小就不做事,妈妈吩咐了,耍滑,推给兄弟做,自己去玩,父母不以为意,上学了,懒得动脑,写作业糊弄,不会做的就抄袭,久而久之,变得好逸恶劳、懒惰,自理能力差,不被人喜欢,难以成才。

习惯是一个自动化的动作和稳定的行为方式,当孩子养成某种良好的习惯后,这种习惯犹如物理学上的惯性力量,对行为会起到一种动力的作用。此时的孩子，不需要别人的监督、提醒、安排，也不需要自己刻意去管着自己，因为已经“习惯成自然”了。这样的孩子，是具有自主性、自觉性、坚持性、主动性的。

相反，养成了不良习惯的孩子，不良习惯能提供给孩子一种做错事、坏事的动力，改正起来还不容易，因为已经形成了惯性，构成了人格特质。渗透到骨血中的习惯具有相当的稳定性，剥离开来会痛，改正起来当然有难度！

学习习惯是孩子众多习惯中的一种，形成于学生阶段的特点，决定了其对人格发展的关键作用。如果把孩子比喻成一棵正在成长的小树，小学阶段将为这棵树塑形，初步展现出将来的大致风貌。

严堃是北大的高才生，《天才知道》舞台上的数学天才，淡定执着、无畏拼杀，有着时刻准备为了心中的目标拼尽全力的气度。这份秒倒一众的气度已经由来已久。大概小学三年级的时候，他爱上了数学，从此，课后、周末都去上数学班，乐此不疲，在数学世界里奋力遨游，取得了骄人的成绩。

到了初三升高一，他不满意自己的入学成绩，利用整个暑假，搞定了高一所有科目的课本和练习册，新学期第一次考试就考了全年级第一名。

如此拼搏的严堃，对学习尤其数学充满了无限的热情，但是整个高中期间没有熬夜过，10点半以前肯定睡觉。繁重的作业怎么办？完成学业和利用时间，他有一套自己的做法，养成了高效率学习、不伤害身体的习惯，知轻重，一生受益。

好的行为习惯，让严堃具有全力以赴的身体和精神，被众多的投资者青睐，成为名副其实的创业新秀！

习惯的力量就是这么大，有什么样的习惯就会在身上留下什么样的烙印，呈现出什么样的风采。

学习过程伴随着成长，在这个过程中会形成要么勤奋要么懒惰、要么主动要么被动、要么坚持要么放弃等性格特征，如果孩子在学习过程中能养成预习、专心听课、按时做作业等好习惯，孩子的性格就会向着积极努力的方向发展，人格特质中就会有更多正能量因素，学业、生活、未来的事业都会顺利美满！

“不养成好习惯”是个坏习惯

对照下面内容，看看你的孩子，有如下好习惯吗？

1.放学后按时写作业。

2.爱阅读，每天都要阅读课外书。

3.睡前会把书包整理好。

4.在学习上，有同学求助，乐于帮忙。

5.做完作业，仔细检查！

6.学习时，关上电视和网络，心无旁骛。

7.记忆过程中，会寻找适合的记忆方法。

8.会做学习计划。

9.定期把知识系统化。

10.根据自己的情况来复习。

11.积极预习新课。

12.常看错题本、考过的试卷。

13.课堂上举手回答问题。

14.任何情况下，写字清楚工整。

15.课堂上记笔记。

16.每天都做运动。

上面的好习惯，如果你的孩子只有几个，那么，他一定有很多不良学习习惯。“不养成好习惯”也是一个习惯，后果就是会有很多不良习惯。

不养成好习惯，坏习惯就来了。不按时写作业，拖拉几次后，就会养成拖延的习惯；不检查作业，今天漏掉一个题目，明天看错一个数字，后天就会养成无故丢分的习惯；不预习，就会养成不准备的习惯……

孩子身上不良习惯越多，学习效果越差。学习是个良性循环的过程，今天学好了，明天学好的概率更高。相反，今天没学好，明天更容易学不好。

举个例子。

放学后，秋秋放下书包，开始吃喝，然后就玩游戏。一玩就入迷了，眼看着到了睡觉时间，他草草写完作业，便没有时间记新字、新词了。想着明天早晨再记忆，第二天却起床晚了，秋秋只好硬着头皮去学校。课堂上老师检查，他两眼一抹黑，答不上来。听别的同学回答得滴水不漏，他内心很羞愧，一整堂课都没听好，作业不会做！

当学习局面一度失控时，如果没有强大的力量介入进来帮助孩子把没掌握的知识掌握住，阻止这种学习行为的滑坡，那么，更恶劣的学习情况就会接踵而来，比如，不能按时完成作业、不复习、听不懂老师讲课、逃课等。

这个时候，我们习惯于认为孩子“不学好”，其实，孩子自己也很难受。

本可以轻松主宰自己的生活，却被一些不良习惯羁绊，常常被玩久了没能按时写作业、老师要检查却没有记住等负性事件困扰，孩子也很累。

一旦养成某个不良习惯，要改正就需要下一些功夫。毕竟不良习惯的养成也是经过多次重复后形成的行为方式，在大脑里也留下了一定的神经回路。

越早建立良好的学习习惯，越有利于学习，孩子的学习生活越轻松！

孩子的自我控制能力不强，特别是刚上学的孩子自主学习的能力还没建立起来，成绩不优秀的孩子较少品尝学习乐趣，父母很放任不关注孩子的学习，孩子不懂得良好的学习习惯是什么，怎样才能养成，这些情况下，父母要赶紧承担起指导的责任。

通向目标一：搞好学习

培养学习习惯，最终目标即大目标是把学习搞好，在实现大目标的过程中，每个习惯都是一个小目标，一个一个小目标促成大目标。

有个孩子，读小学四年级，是优等生，写作文却没被老师当成范文读过，他不甘心。在妈妈的引导下，他给自己加码，每个月读一本书，每天抄写一段经典文字。作文课上认真听，琢磨构思、布局，养成习惯，一年以后，收获来了，作文不但晋升范文，还被老师推荐到报纸上发表！

在学习上，一个孩子拥有的好习惯越多，学习成绩越好，从学习中获得的快乐越多，学习积极性越高，越乐于学习，越能养成更多好习惯，越能把学习搞好。

在培养孩子习惯的过程中，要量力而行，过于着急，几个习惯一起来，孩子可能从心理上产生排斥，往往不见效果。

有位妈妈说，儿子读一年级了，放学前，我就把奶和水果准备好了，回家吃完，差不多下午5点钟，开始写作业。半年过去了，孩子还是不能按时写作业、预习、复习功课、阅读。常常是写完作业就玩去了，其他的事情能拖就拖，有时还会忘记写作业。这个孩子之所以没有形成良好的学习习惯，在于妈妈给孩子安排的任务太多了。

1966年，美国心理学家曾做过一个试验：派人随机访问一组家庭主妇，要求将一个小招牌挂在她们家的窗户上，这些家庭主妇愉快地同意了。过了一段时间，又要求这组家庭主妇将一个不仅大而且不太美观的招牌放在庭院里，结果有超过半数的家庭主妇同意了。与此同时，又派人随机访问另一组家庭主妇，直接提出将不仅大而且不太美观的招牌放在她们的庭院里，结果只有不足20%的家庭主妇同意。这就是登门槛效应。

这一效应的基本内容就是由低要求开始，逐渐提出更高的要求。对人们提出一个很简单的要求时，人们很难拒绝，否则怕别人认为自己不通人情。当人们接受了简单的要求后，再提出较高的要求，为了保持认识上的统一和给外界留下前后一致的印象，心理上就倾向于接受较高要求。这一效应告诉我们，在对孩子提出要求时要考虑孩子的心理接受能力，过高的目标可能会吓到孩子。

成长需要一个过程，学习习惯的养成也不例外。从最简单、最基本的一项入手，孩子接受度高，轻轻松松就能养成。每养成一个习惯，孩子的意志品质就会获得提升，更利于养成下一个习惯。

孩子上学后，我们先培养一个习惯，就是放学后按时写作业。千万不要认为这件事情简单，试想，对于一个贪玩的孩子来讲，放下玩的愿望专心写作业，一点都不容易。做到一次，就是一个很大的成功，坚持下来养成了习惯，就具有了很强的自我约束力。

按时写作业的习惯，不仅仅包括不要父母提醒就能积极主动地完成作业，还包括书写是否认真、准确率是否高、写完是否检查、能否综合运用所学知识、遇到难题能否坚持、写完是否检查、做过的题目是否记得住等。这一切，需要我们通过观察来引导，当孩子养成这些习惯后，定能做出高质量的作业，学习的积极性还能低吗？

有了一定自控力的孩子，养成预习、复习的好习惯也就容易了。惊喜还不止于此，他们甚至能够自创一些适应自己的学习习惯。比如，哪一科较差，坚持每天多复习20分钟；字写得不好看，每天练字一篇；等等。

通向目标二：健全人格

社会对人才的要求有四条：人格+知识+能力+健康=贡献+财富。人格是第一位。教育的核心是培养健康人格，没有健康的人格，无论怎么样都很难成才。如果没有良好的人格，越是聪明、越是有知识的人，其灵动的心性越会让他做出有害的事情。不要觉得孩子聪明就会有出息。

什么是人格？人格是构成一个人思想、情感及行为的特有模式，这个独特模式包含了一个人区别于他人的稳定而统一的心理品质。

人格是人的性情、气质、能力等特征的总和，良好的人格具有道德的力量、智慧的力量、意志的力量。所以，人格决定着孩子发展的高度，也决定着孩子的未来。

从一个好的行为开始，到养成一个习惯，形成一个良好的人格特质，这个过程要经历三种境界。“昨夜西风凋碧树。独上高楼，望尽天涯路。”此第一境界也；“衣带渐宽终不悔，为伊消得人憔悴。”此第二境界也；“众里寻他千百度，蓦然回首，那人却在灯火阑珊处。”此第三境界也。

下面这个故事，很形象地诠释了这三种境界。

某机关的一名看大门的工作人员，在闲暇之余选择了磨镜片来消磨时光。磨呀磨，越磨越喜欢，越磨技术越高，甚至超过了专业技师的水平。有一天，他透过磨出来的镜片看到了一个奇妙的世界——微生物世界。为此，这个人被授予了巴黎科学院院士的头衔，他就是科学史上赫赫有名的荷兰科学家万·列文虎克。

学习过程是由一个又一个的学习行为构成的，如果我们把好的行为坚持下去，就会形成一种习惯，当习惯内化成一种性格的时候，我们一定能收获属于自己的幸运！

习惯养成过程三要点：重复、强化、惩罚

孩子养成一个习惯，一般都要经历三个阶段，某一个行为从被动、主动到自动化，从心理层面来分析需要经过接受、认同、内化的过程。我们必须有一个认识：培养孩子的良好学习习惯是一个过程。这个过程大致包括以下三个阶段：

第一阶段，建立“需要养成好习惯”的认识。

对于小学生来讲，一般不懂建立良好习惯的重要性，也很难有意识地去建立一个好习惯，需要家长和老师的引导，让孩子认识到他需要养成好的学习习惯。

如果孩子有特别崇拜的人或者偶像，可以利用偶像的力量，让孩子认识到习惯的重要意义。

第二阶段，确立好习惯内容的过程：商量怎么做。

要建立一个习惯，就要明确行为规范，让孩子对养成某个良好习惯的具体标准清清楚楚。

我们可以问问孩子，你是放学后休息10分钟就写作业，还是玩1个小时后再写作业呢？孩子选择后，告诉他，如果没有特别情况，以后每天都这个时间

段写作业。这样，在孩子的心中就有了一个每天都要在某个时间开始写作业的认识。

第三阶段，真正行动起来：形成习惯。

要养成什么好习惯，就要行动起来。父母最好关注90天，21天前密切关注，甚至要督促，以后默默观察，偶尔督促就好。

这个过程最关键，不同孩子的个性特点不一样，听从父母安排的程度不同，自我控制能力强的孩子，可能不需要父母太费心，就能按着父母的要求去做，形成好习惯。

孩子的成长环境不一样，有的家庭学习氛围浓厚，孩子受熏陶，变得很爱学习，培养读书习惯也容易。有的家庭毫无学习氛围，孩子读书、写字时父母照样打麻将、看电视、上网玩游戏，被诱惑的孩子很难专心。好孩子来自好教育，家庭教育的一个重要方面就是环境教育，营造充满人文气息的家庭环境，父母自己塑造好品质、养成好习惯，是对孩子最好的支持！

即使家庭氛围很好，受孩子个性特点的影响，一段时间后，也可能荒废。父母要尽可能地想办法来强化好的行为，弱化坏的行为。当孩子有了好的行为以后，鼓励或者奖励一下，能增加行为发生的概率。

整个培养过程要注重激发内部动机，让孩子体验到学习的价值和意义，弱化监督、提示。

根据美国心理学家拉施里的动物记忆试验研究，行为主义心理学认为：一种行为重复21天就会变为习惯动作，而90天的重复会形成稳定的学习习惯。前三天最为关键。

在此期间家长要避免唠叨。“还不写作业啊？”“到点了，先写作业！”“说好了写完作业再玩，怎么就变卦了呢？”心理学研究证明，反反复复说同样的话，会让人产生一种习惯性的模糊听觉，也就是明明在听，却根本不入心里去。这是一种长期重复听同样的声音而产生的一种心理上的不在乎。

如果我们用强化的方法，就能增强行为的发生频率。

举例，我们培养孩子按时写作业的习惯，第三天，孩子没用父母提示就按时写了，妈妈可以说，今天很主动，周日带你去郊游，鼓励鼓励！也可以这么做，今天主动写作业，你那双臭球鞋就不用自己刷了，妈妈替你刷干净。

不管是增加一个愉快的刺激还是减少一个不愉快的刺激，都能强化活动的反应频率。既然要强化，就必须选择强化物。普雷马克最早提出，利用频率高的活动来强化频率低的活动，从而促进低频活动的发生。这一原理也被称为普雷马克原理。

我们可以用孩子喜欢的活动去强化不喜欢的活动。孩子喜欢阅读，不喜欢数学作业，可以说："你写完数学作业，才可以读书。""数学测验超过90分，送你一套中外名著！"

至于惩罚，就是在活动之后通过呈现一个厌恶刺激，或者消除一个愉快的刺激，促使活动频率下降。孩子没按时写作业，玩电脑了，可以在玩电脑后让他关禁闭或者取消带他出去玩一次的机会。

不同的行为习惯形成的时间也不相同，但有一个共同点，坚持的时间越长习惯越牢。

第2章

预习习惯

——预习，开始了吗

学习是一个获取知识的过程，预习则是这个过程的开始，有一个好的开始，后面才会顺利。简单地理解，预习是为听课做准备，提前预习了，听课时就能轻松一些，可以减少、避免听不懂、走神。养成预习习惯后，能提高孩子的阅读能力、自学能力、思维能力，增强其学习的主动性、提升学习的自信心！培养孩子的学习习惯，就从预习开始吧！

能治“不爱学习病”

学习是一个过程，而不是一个结果。如果家长忽略了过程而盯住结果，只关心孩子写作业的时候错了几道题、考试考了多少分，见到错题多就叹气、分数低就黑脸，这对孩子的成长一点好处都没有。好父母把目光聚焦在学习过程中，一步一步找原因，悉心指导孩子改变。

学习的一般过程是：预习—听课—作业—复习—考试。这些学习步骤环环相扣，每一步都有条不紊地做好，整个学习过程才会进入一个良性循环的轨道。

作为学习过程的开端，预习有多重要不难理解，我们有多忽视，分分钟就能下判断。如果从孩子上学起，就没预习过，或者一个月也不预习一两次，就该行动起来了！

预习过后，你的孩子在学习上的表现就像换了一个人一样！

1.上课注意听讲了

预习过后，孩子对新课的重点内容、难点内容、自己预习的时候没看懂的内容有了了解，特别是父母很好地引导孩子对所学知识产生了兴趣，听课的目的更明确，更能集中注意力。

利利要学习三角形了，这样一个新的几何概念，对小学生来讲，可能比较枯燥，更何况利利对数学不怎么感兴趣。大多数时候，成绩都是七八十分。平时做作业，一看就会的题目得磨蹭好久。这样下去，明摆着要掉队啊，得下功夫了！

星期日，妈妈和利利一起预习了课本上关于三角形的内容，娘儿俩大声朗读了几遍“由三条线段围成的图形(每相邻两条线段的端点相连)叫作三角形”后，就出门去寻找三角形了！别墅顶楼、风筝、小红旗、三明治、起重机、自行车架，好多好多！

利利兴奋得小脸都红了，他问妈妈，三角形有什么好处吗？妈妈说，当然有！这样，你听听明天老师怎么说，然后回来给妈妈讲一讲，利利开心地点点头。那节课听得特别认真！

利利回来给妈妈讲的时候还发了感慨，原来学习这么有趣！

小学生自我控制力比较差，注意力维持时间较短，容易出现注意力不集中的问题。在预习的过程中，给孩子设置问题、引导孩子感受知识的存在性，能大大提升他的学习积极性，包括在课堂上注意听讲。

2.不怕上课了

孩子的求知欲与生俱来，从两三岁起，我们就陆续听到他说，上学，我要上学！上学以后，就更兴奋了，赶上有什么事情耽误一天半天的，还会想念同学、老师。为什么学着学着就不想学了呢？有的孩子，见到老师都哆嗦，课堂上，老师喊起来回答问题，声音比蚊子声还小，目光闪烁不敢看老师。

一般情况，就是缺乏自信，害怕自己听不懂，老师喊起来回答问题会尴尬。如果提前预习，已经有过一次理解，知道要讲什么，心里有数，听起来就会轻松，底气足，自然不害怕。

3.更虚心了

学习过程中，总有一些孩子认为自己会了，父母让他学习时给冷眼或者不耐烦闹脾气，到做题或者考试的时候却不能很好地完成。预习的过程，需要运用已经学过的知识去理解新知识，是一个找到不懂的旧知识的好方法。

妈妈有必要指着某个关键的旧知识点考考孩子，如果孩子答不上来，表明孩子已经遗忘了，这个时候，你让他抓紧时间捡起来，他就无话可说了！

4.学习能力更强了

联合国教科文组织《学会生存》一书中说："未来的文盲不再是不识字的人，而是没有学会怎样学习的人。"

孩子在预习的过程中，需要自己动脑筋对课本知识去理解、去判断、去检验，这个摸索的过程在孩子自己意识的支配下进行，一方面，会把新知识与原有知识经验联系起来，把它纳入到已有的认知结构中；另一方面，原有的知识经验会因为新知识的纳入发生一定的调整和改组。这是另一种方式的学习，完全不同于对填鸭式灌输的接收。长期坚持下去，可以使孩子思维敏捷，使孩子发现问题、分析问题、解决问题的能力增强，成就感更高。

基本方法：阅读、记、理解

预习要讲究方法和效率，其关键有三点：阅读、记、理解。

1.阅读

读，就是预读新课课本，通过这个方法去了解将要讲到的新知识。除了阅读教科书，必要时还需要阅读与新课有关的已学课文、课外资料等。

阅读并不是单纯地顺着文字读下去，要根据科目的不同、内容的不同选择读书方法。容易理解的就可以读得快一些，不容易理解的就读得慢一些。预习阶段的阅读只需达到由粗读到细读的层次，无须精读。

粗读，即用较快的速度概览全篇课文，知道这节课将要讲什么，对课文中讨论的主要问题做到心中有数。如果孩子完成了粗读，便没有时间细读了，也可以到此为止。切忌强迫孩子再细读，在不快乐的情绪中继续读下去，也不会有多大的收获，反而破坏了孩子的求知热情。千万不要觉得白读了，只要读过，脑子里就有印象。

当然，如果粗读后孩子有一种想继续深入了解的欲望，就可以支持孩子细读。所谓细读，就是仔细地阅读。弄清课文的关键点、重点、难点及个人的疑点所在，能够较强地把握中心，初步理解课文。

2.记

这里的记，不是记住新知识，而是记住预习了什么，包括记简单的预习笔记和对一些知识的记忆。

之所以提倡孩子写预习笔记，是因为这个过程更进一步巩固了预习效果，使得认识更清晰。而且，把预习的情况清晰地落实到字面上，孩子在课堂上听讲的时候更容易捕捉到预习时候的思维痕迹，有印象却记不清的就可以看看笔记。确定一下当时没看懂或者有疑问的内容，在老师的讲解下是否懂了，如果不懂，大胆提问。

对于内容不是很复杂的课程，在阅读课文的时候，可以随时用符号描画出来，这样效率比较高，不容易耽误听讲。有关概念、定理和重点等可以画线，不理解的内容可以画问号，有独特理解的地方可以在旁边简单标注一下。

如果预习的内容是比较复杂、难以理解的知识点，家长可以指导孩子在细读的基础上，做出一个完整的预习笔记。除了要写出重点、难点、个人的初步见解、阅读中提出的疑难问题外，还要挖掘一下这部分知识和以往学过的知识之间的联系、这节课一共要讲几个知识点等。

预习记忆，不是把预习的知识记住的意思，而是要记住自己预习的是什么，老师上课将要讲什么。这样，孩子有所准备，在课堂上才能更好地跟老师产生共鸣。如果孩子时间比较充沛，或者所学内容比较多的情况下，妈妈可以指导孩子先记忆一部分，比如英语单词、语文字词、数学公式等，这样，老师讲的时候，记忆起来就更轻松了。

3.理解

理解知识有三级水平，低级水平的理解是指知觉水平的理解，就是能辨认和识别对象，并且能对对象命名，知道它“是什么”；中级水平的理解是在知觉水平理解的基础上，对事物的本质与内在联系的揭露，主要表现为能够理解概念、原理和法则的内涵，知道它是“怎么样”；高级水平的理解属于间接理解，是指在概念理解的基础上，进一步达到系统化和具体化，重新建立或者调整认知结构，达到知识的融会贯通，并使知识得到广泛的迁移，知道它是“为什么”。预习过程的理解，最起码要达到低级水平，如果能达到中级水平就更好了。

找三个关键点

预习是为了更好地听懂新课，而阻碍听新课的知识障碍就是已经学过的却忘记了的知识。捷克教育家夸美纽斯说过：“一切后教的知识都要根据先教的知识。”这是因为知识之间是相互联系的，只有前面的知识掌握住了，才能学好后面的知识。但是，人脑有记忆的功能，同时也有遗忘的功能。课堂上听明白的知识下课后就可能忘记了，今天学会的知识明天就可能忘了。忘记已经学过的知识可能成为学习新知识的阻碍。要想知道哪些知识可能会阻碍新课的学习，可以通过预习来发现。

有的孩子在预习的时候，两眼盯着新知识，遇到不懂的旧知识一带而过。这样的做法一定要纠正，才能培养起孩子在学习上的负责精神，把不懂的知识弄懂，预习才能有效果。

知识环环相扣，掌握了旧知识，才能听懂新知识，学会了新知识，会更加深入理解旧知识，新旧知识不断内化，就建构起自己的知识体系！如此良性发展，学习会变得越来越容易。

1.新旧知识衔接点

很多孩子都精心准备了笔记本，上课也认真记了笔记，他们大都预备着复习的时候用。其实，预习的时候，笔记也有很大的用处。

老师讲课是有一定规律的，有的老师习惯在讲课的时候说上一句“这部分内容我们下节课会详细讲”。这是什么？是新旧知识之间的联系点，找到这个点，把这段内容摘出来，仔细看一遍，看完后，接着看新课内容，用心找出它们之间的联系，得出的结论会帮助我们厘清知识之间的关系，有利于建构知识体系。

2.旧知识重点

概念、公式、短语类是重点内容，由于准确性要求高，表述上概括性较强，有一定的记忆难度，需要重点记忆。常常费了很大的劲记住了，可是没过多久又忘记了，很影响后续知识的学习。

在预习的时候，如果新课的内容中用到的一些重要的词语、概念、定理等是前面几节课刚刚学过的，那么，就重点复习一下吧。怎么复习？考考孩子，答不上来，翻到那个章节，重点记忆一下，一定要记全、记准确。这样，在学习新课的时候，才不会因为有知识死结而卡壳。

孩子的学习父母参与越少，孩子的主动性越强。最初，考孩子这个过程可以父母来，慢慢要过渡到孩子自我检查是否记住。正所谓，教是为了不教，要以引导的方式来教。

3.新课重点

每次预习都有一件重要的事情，那就是找到新课所要讲的重点内容。家长鼓励孩子根据教学大纲、老师所留预习作业等找到重点内容并看过一遍后，接着再回忆一下前一节或者前几节所讲的重点内容。如果记不清楚了，就翻开书看一看，找找它们之间的联系。注意，即使说不出相互的联系在哪里，也没关系，养成习惯，慢慢就能找到了。这样有助于理解新知识，顺便也深入理解了旧知识，提升了对旧知识的认识和应用。

听讲的期待效应：适度预习

阳阳是一名小学三年级的学生，学习劲头很足，成绩一直名列前茅。妈妈觉得，这是得益于阳阳养成了良好的预习习惯吧！可是，最近老师在班级家长群里跟妈妈反映，阳阳上课不注意听讲，影响了班级的课堂秩序。

老师这么说，妈妈心里有些不服气，自己的儿子学习很认真，成绩也很好，怎么可能做那些事情呢？儿子回来后，妈妈问儿子：“阳阳，老师今天说你们班里有上课不注意听讲的孩子，你知道是谁吗？”

阳阳摇摇头。妈妈接着说：“你们班都是好学生，不注意听讲肯定有原因，说出来，家长、老师才能帮忙解决问题啊！”阳阳看到妈妈说得很诚恳，就说：“有的时候，老师没讲我就明白了，觉得听讲很没意思！”

妈妈明白了，是因为儿子预习后，自以为学会了新课知识，课堂听讲倒成了“鸡肋”了！妈妈为自己不当的辅导方式惭愧，当即决定每天减少半小时的预习时间，给儿子提出一些有待课上解决的问题。由于预习得当，阳阳也觉得有很多知识需要上课去学习，大大提高了听讲效率，再也没有发生过上课捣乱的违规事件。

心理学上，有个期待效应。什么意思？指个体对某件事情是否发生的主观预测。孩子预习了，对新知识就增加一份期待，觉得自己有信心、有能力听懂老师的课，认真度提高。但是，在预习的时候用功太多，可能“过犹不及”，孩子上课倒不听讲了。

为了有一个适度的期待，在预习的时候，家长要指引孩子把握一个度，关于课本内容，能看懂的，就尽量看懂。比较简单的，看一遍就好，不是一定要背会、掌握住。比较难的，多看一会儿，看懂是最好的了。如果时间充裕的话，可以顺便做做课后习题。

美国心理学家布鲁纳说过：“学习的最好动机，乃是对所学教材本身的兴趣。”对于小学低年级的孩子，如果孩子学习不吃力，成绩也不错，上课也能做到注意听讲，并不是一定要每天都预习的。因为低年级的课程比较形象，老师讲课速度也慢，没有达到不预习就不能理解的程度。与其把时间浪费在反复咀嚼简单的知识上，不如让孩子出去玩玩、做做游戏、看看课外书。

但是，到了小学高年级，就有必要预习了。这个阶段，知识变得比较枯燥，所学内容也很多，老师讲课速度也变快了，预习确实有助于孩子有的放矢地听课。

需要注意的是，对那些看不懂的内容，最好在相应的位置做上记号“？”，再写上哪里不懂，以便在上课时有重点地听老师讲解。如果书上不好标注，就要写在预习笔记本上，上课之前要打开，放好，用的时候一目了然。

如果老师安排了预习内容，也就是给了孩子一个预习提纲，这个是和老师的讲课内容相匹配的，按着来就好了。预习完毕后，家长可以指导孩子闭上眼睛回忆一遍预习提纲的内容，效果就更好了。

数学预习，数感是核心

预习要讲究方法，方法对了，才能收到事半功倍的效果。不同科目有其学科特点，学习方法会有所不同。数学是一门基础科学，其中包括计算、测量、预测等，最终往往要算出一个数据或者证实一个结论。

有些孩子虽然有课前预习的习惯，但是听课依然很吃力，主要是因为这些孩子的预习方法不正确，比如，预习数学的时候，孩子只是把课本阅读一遍，到了第二天上课的时候，脑子里基本没有印象了。

如何避免这种情况出现呢？做个简单的预习笔记，可以是几个字、一张简单的图，有了这些线索，课堂要讲的内容就一目了然了。

1.阅读课本

数感决定着孩子的数学学习发展情况，阅读数学课本的过程，就是运用数学方式思维，不仅能知道下一堂课要讲什么，还培养了数感。阅读的时候切忌走马观花，要耐心地读懂其中的意思，遇到看不明白的地方，就用铅笔圈出来，然后通过查阅资料、工具书的方法帮助自己去理解，或者等老师讲。

2.围绕定理、公式思考

了解了新课要讲的内容后，就让孩子归纳一下这堂课所要讲的重点内容。如果是定理、公式，就要论证一下它们是怎么被推导出来的，试着推导一遍，如果重点讲的是例题，那么就试着做一做。

无论是推导公式，还是做题，都有助于提升孩子独立地分析问题、解决问题的能力。如果孩子在这个过程中出现卡壳的情况，先看看是新知识没弄懂的问题，还是已经学过的知识没有扎实地掌握住的问题。

数学知识连续性强，忘记了前面的，后面就没法学下去。把预习当成一个对前面知识复习和巩固的过程。孩子发现了已学知识的漏洞，家长不要责怪孩子记忆力不好、学习不用功，而是要帮助孩子认真地把不懂的内容掌握住。

3.知识汇总

在做预习笔记的时候，把这节课将要学到的概念、定理、定律、公式、常数、特定符号等写在同一页纸上，试着找找它们之间的联系、它们和前面知识之间的关系，这样既有助于对新知识的理解，也加深了印象，非常利于课堂听讲。

上课之前把预习笔记拿出来，听讲的时候有所对照，一个内容一个内容地去和老师合拍，增强课堂听讲的参与性和主动性，大大提高听讲效率。

4.试做课后练习

做练习题最能检验对知识的掌握情况。预习的目的是熟悉、理解知识，并不是掌握知识，所以，课后练习这一步骤，是可做可不做的，要孩子根据自己的实际情况安排。如果有足够的时间，就可以做做；如果学习任务比较紧，就可以不做。即使做了，也不强调一定要做对，只是借此检验一下孩子的预习效果。预习效果好，课后习题一般都没有问题。如果真的不会做，说明这节课的内容比较有难度，到了课堂上就要好好听讲。

把握语文预习的三方面

有的孩子觉得，预习语文最简单了，看看生字、生词表，懂个大概意思就够了。有的孩子甚至连生字都不看，他觉得，老师上课讲什么自己就听什么，这样就好了。预习语文真的是可有可无的事情吗？当然不是。学习语文的最重要目标之一就是提高语言表达能力。语言表达方式有两种，分别是口头表达和书面表达。但是，不管运用哪种形式的表达，是否拥有丰富的词汇、完美的语言逻辑、丰富的思想、一定的文采等，都是决定表达能力强弱的重要因素。而这些能力，可以在预习的时候获得很好的锻炼。

所以说，语文预习绝不是可有可无的事情。那么，孩子如何预习才能实现读有所得呢？家长可以从以下三个方面引导孩子。

1.通读课文

首先当然是通读课文。在读的过程中，用铅笔描画出生字、生词，还有看不明白、存在疑问的地方。画出后，通过查字典、网上检索、查阅相关资料、向父母求助等方式把问题解决掉，就能顺利读懂全文。

这个过程中，提倡查字典、网上检索、查阅相关资料等自主性很强的方法，能促进孩子的自学能力。

在通读的过程中，有的孩子习惯做一张表格，这样可以让所学内容比较清晰地呈现出来。

语文预习表之一

文章题目	作者	题材	生字	生词	句	分段	中心思想

当然，这个表格里的内容是孩子根据阅读的情况填写的，填写这个表格的好处在于“逼着”孩子把头脑里朦胧的认识、思想转化成清晰的文字表达出

来，这个过程就是学习能力的锻炼。

到了课堂上，孩子结合这个表格听讲，既有利于巩固预习时候的记忆，也有利于反思自己预习中的问题。比如，当老师讲了文章的中心思想后，孩子就可以和自己预习表格中的对照，分析老师讲的好在哪里，从而提升自己的综合能力和总结中心思想的技巧。如果自己总结的中心思想和老师的区别很大，而且觉得自己的也挺恰当，就可以跟老师讨论讨论，通过讨论促使自己更好地领会作者的写作意图。多次这样的训练后，孩子就不单单是掌握了总结某一篇文章中心思想的方法，而且获得了关于某一类文章的规律性知识，发展了自学能力。

2.分析、理解全文

阅读理解可分为表层理解和深层理解，前者侧重于课文本身包含的具体材料，如人物、时间、地点、事实及数据等具体信息的提取，这一部分在通读全文的时候已经解决掉了，后者则只需孩子运用归纳、总结、分析、推理、想象等方法深入地理解全文。

这项内容也可以通过一个表格来呈现。

语文预习表之二

问题1	问题2	问题3	问题4	问题5	问题6	问题7	问题8

这里的问题，可以是课后练习中的提问，也可以是自己没有看懂而生发的疑问。能够自己解答的就填在表格里，不能够自己解答的就空着，留待听完课

以后处理。孩子的疑问越多，学习的劲头会越足。

问题可以是知识性的，也可以是语法性的，还可以是表现方法性的，只要孩子心中有疑问，就允许提出来。当然，如果家长可以帮助解决的，就在家里解决了，不管问的问题多么可笑，家长都不可以小视孩子的质疑精神，以免打击孩子思维的主动性，影响预习效果和良好预习习惯的建立。

当一个个问题出现、被解答、留存脑中后，孩子就对整篇文章有了一个大致的了解，就是领会了文章的大致意思。

3.记新字、新词

每一节新课文的学习，都会有一定的新字出现。预习的时候，如果有时间，学会、掌握这些生字很有必要。一般情况下，老师讲了，也不是当堂课就能掌握，也需要课后反复记忆，预习的时候，就开始记忆，没有坏处。

英语预习：听说读写

对一个孩子来讲，同是语言学习，英语学习较之语文学习由于缺少语言环境，开始起来比较难，就要落实到相对基础的部分，一个音标、一个单词地细细阅读，越是重视细节，多掌握词汇，越能顺利地听说读写，较快地培养出语感。

英语预习的内容和方式很多，最为常见和实用的包括以下几方面。

1.朗读识记

朗读音标、字母、单词、词组、句子，都是很好的预习方式。通过这种方式掌握最基本的知识后，再进入对话、文章的朗读及背诵阶段。

朗读的时候，家长要鼓励孩子读出声来，这样有助于记忆。朗读时“发声”这个能动因素和“耳听”这个被动因素同时作用，对大脑的刺激比单纯默读强得多。孩子经常读出声，也有助于养成敢于表达的习惯，避免“哑巴英语”的问题出现。

朗读的时候要注意节奏，可以让孩子模仿课堂老师、英语音频里的发音。每天出声朗读英语，英语的节奏就会逐渐渗透到孩子的头脑深处。逐渐地，就会有一条和以前大不相同的记忆回路打开，孩子就有了语感。有了语感后，孩子记忆单词、句子的时候就仿佛有股助推力在默默地帮助孩子，孩子的记忆效率就更高了。

在朗读的时候，家长还可以提示孩子讲究一些小方法。比如，读一遍英文、读一遍汉语，对着汉语译英文、对着英文译汉语，区别相同读音单词的意思，等等。

如果涉及课文学习，即使不背诵，上课前也要反复阅读课文，还要扫清里面不懂的单词造成的理解障碍。这样，听讲的时候，孩子注意力集中在老师讲述的语法结构、英语语言习惯用法上，学习效果就更好了。

2.听力训练

英语是一种语言，英语学习是为表达服务的。而表达的前提之一是听，学习英语是从听起步的，听是前提，只有听得懂，才能说得准、说得好。

预习的时候，多让孩子听听英语，听完后说说是什么意思，有助于培养孩子对英语的敏捷反应。同时，这也有利于使生活在非英语环境中的孩子的语音、语调、节奏更准确，语感更好。如果家长用心培养孩子坚持每天听20分钟或者半小时英语的习惯，那么，孩子会大大提升听讲质量，英语水平会提升得很快。

3.动手写出来

语言表达的另一种形式就是写，所以，英文的书写能力也不可以忽略。有的孩子英语说得很地道，看见单词也知道什么意思，就是不会写。不管是音标、字母，还是单词、句子，只有能够写出来，才能真正运用自如。预习的时候，可以让孩子听几遍、读几遍后，试着默写一下。默写既是自我检验的方法，也是强化记忆的过程。

第3章

课堂听讲习惯——真的会听讲吗

从孩子上学那一天起，家长就一定没少叮嘱孩子："上课好好听讲！""别乱讲话！""别乱动！""眼睛盯着课件！"同样的话，老师也会不断地重复……那么，孩子真的会听讲吗？

学会集中注意力

有人说，学习成绩的好坏90%以上在于课堂听讲。没错！凡是课本上的重点内容，老师都会在课堂上重点讲，而且是把课本上的关键知识点提炼出来后，根据学生的知识基础、理解水平进行了精细加工，使知识变得形象生动容易理解了。预习时看不懂的内容，到了课堂上听老师一讲就明白了。

心理学家认为，人在注意某一事物时，大脑皮层的相应区域就会产生一个优势兴奋中心，这个优势兴奋中心是大脑皮层对刺激物进行分析和综合的核心，能对注意到的事物产生清晰和完整的反应。同时，由于兴奋与抑制的相互作用，大脑皮层其他区域所受的刺激在一定程度上受到抑制，因而会忽视同时存在的其他事物。如果大脑皮层同时有几个兴奋中心，就会出现注意力分散的现象，即通常所说的分心和走神儿。注意力一分散，就无法对主要刺激物产生足够多的刺激，影响思维过程，无法完成理解、记忆等知识进程。

看来，孩子能否在课堂上集中注意力，决定了学习品质，难怪有些家长为此头疼。

加加是一名小学生，老师反映这个孩子很聪明，就是上课不能注意听讲，常犯困、走神儿、没精神。被老师喊起来回答问题，他不知道说什么。写课后作业，他还要重新看一遍课本例题，才能算出来。

上课不注意听讲经常被老师批评，加加也觉得没面子。每次上课前，都叮嘱自己一定要好好听讲，可到了课堂上，不知不觉就走了神儿，就像中了魔咒一般。

现实中，像加加这样不能集中注意力听讲的孩子真的不少。有调查显示，仅有58.8%的学生表示在上课时能集中注意力，在课堂上能持续集中注意力30分钟以上的比例则更小，只有39.7%。看来，课堂上注意力差已经是阻碍孩子学习的大问题了。

那么，家长如何改掉孩子注意力不集中的毛病呢?

1.排除干扰，多问自己几个为什么

课堂环境可能会有干扰，孩子自身是最大的干扰源。提高孩子抗干扰能力，需要给孩子一些方法。

上课后，身体坐端正，不倚靠、不歪斜，目视前方，有助于提高注意力。同时将身体放松下来，将整个面部表情放松下来，干扰自己情绪的紧张、焦虑等不好因素就会被消除。

听课兴趣点降低了，或者觉得没意思了，是走神儿的前奏，不妨在脑海中多问自己几个“为什么”。问自己：老师为什么这么讲？老师讲得对吗？同学回答问题回答得对吗？对在哪里，为什么是对的？错，又错在哪里，为什么是错的？这不但有利于孩子理解知识，还能防止孩子因思维懈怠而走神儿。

2.跟上老师调换注意力的节奏

一个人注意力的最佳状态基本是20分钟左右。为了让学生能够保持高效的注意力，老师讲课的时候，常常会根据知识内容安排一个小小的缓冲，比如提问一下、看一段相关的动画片、做个小实验等，跟上老师的安排，放松一下，在老师接下来的讲解中就能保持旺盛的注意力。

家长要告诉孩子，在课堂上用心领会老师的缓解方式，主动跟上老师注意力的调节节奏，就能战胜疲劳，维持注意力的稳定性。跟着老师调适注意力有一个很大的好处，能够及时地把注意力从轻松、有趣的事情上转移回来，跟上老师，进入严肃的、精力高度集中的听讲环节。

当然，累了，孩子可以自行安排一些放松的时间。比如，复习课上讲题的环节，如果有些题目孩子确实是会做了，而且掌握得很牢固了，是可以放松一下的，以备集中精力听后面的内容。

3.走神儿后的补救办法

走神儿在所难免，有不开心的事情、焦虑的事情在心头的时候，可能就不由自主地走神儿了。被环境因素吸引，也会转移注意力。

我们没法跟着孩子去课堂听讲，但可以把工夫花在平时。一位妈妈是这么跟儿子说的："儿子，上课的时候，会不会想起熊大、猪猪侠、功夫熊猫什么的？你是那么喜欢他们！"儿子说："会的！"妈妈说："我听到一些孩子这么讲过，下课了，他们很后悔！妈妈告诉你，在课堂上，发现走神儿了，快点纠正，一旦醒悟过来，就抓紧时间听讲，并在笔记本上做个记号，记号位置前面的就是自己走神儿没有听到的内容，然后下课后就借同学的笔记用用，一边补充笔记一边自学那块内容。"

课上听不懂，课下快用功

很多孩子上课走神儿，不能集中注意力听讲，很重要的一个原因就是听不懂。遇到听不懂的情况虽然正常，但是孩子的抗挫折能力都比较弱，听不懂可能就放弃了。

有的家长把孩子听不懂的原因归结为贪玩，由于孩子大脑发育不完善，大脑兴奋与抑制机能不成熟，还不能够较好地调节和控制自己的行为，很容易被好玩的、有趣的事情吸引，便耽误了听课。这时，把知识搞懂最关键。

孩子听不懂老师讲课内容的原因很多，比如，老师讲得不好、孩子不喜欢老师、转学引起了情绪波动、孩子基础差等。家长只有“对症下药”，才能从根本上解决问题。

1.老师的问题

有的老师讲课不够通俗，照本宣科地把课本上的知识复述一遍，从没考虑过学生能否理解，导致基础知识不够扎实的孩子跟不上老师的思维。

出现这种情况，不要把责任归结到老师身上，觉得老师讲得不够明白。家长所要做的工作就是纠正孩子的想法，让孩子明白遇到了这样的情况，可以想办法跟老师反映，但是老师已经养成了这种讲课习惯，改变起来也比较慢。最有效的方法就是让孩子课前充分预习、课后及时复习，把知识学扎实，这样理解起新课来就轻松了。

当孩子升级或者转学时，换了老师，可能因为听不清新老师的口音、不适应新老师的讲课方式而听不懂。对于这种情况，家长除了让孩子多和老师接触、主动适应老师外，还要帮助孩子及时补习没有听懂的内容，以免落下的功课太多，更加影响之后的听讲。

2.基础比较差

孩子成绩差，父母最好利用假期的时间，帮助孩子好好把弱科补补，这样才不至于让本来基础就差的孩子经过一个假期后把仅会的那些知识也忘掉。

有个孩子，学习中等。虽然家人很关心孩子的学习，但是成绩一直提不上去。家长甚至为这个孩子做了一个退一步的打算，那就是读个一般的大学。后来，爸爸突然间醒悟，他很自责地想，凭什么自己就为孩子圈定了人生？他现在才三年级啊！

于是爸爸耐心地观察了儿子一段时间，发现儿子算术特别慢，拖累了其他方面。爸爸利用假期把三年级前的算术知识都帮孩子补习了一遍，到了四年级，期中考试，这个孩子的各科成绩从70多分提高到了90分左右。

小学阶段，所学知识都是基础，较之于中学，补习容易，进步也快，关键在于下功夫。

3.不想学

当孩子学习动力不足时，就不想学，也不想听。对于这样的孩子，不能放弃，有朝一日想学习了，前途不可限量。父母要做的是激发孩子求知的欲望。

常见的方法有，成功激励法，也就是帮助孩子努力取得一些小成就，用成功的美好感受激励孩子；看清责任法，这个方法要求家长告诉孩子他肩负的责任，他人生的使命，为了实现这些，首先要做的就是好好学习。

课堂回答要积极

很多孩子不重视回答问题这个学习环节，不理解老师提问的目的，不知道在课堂上积极回答问题对自己的学习有多么重要的影响。

课堂时间很宝贵，每位老师都会抓紧一分一秒向学生传递知识。如果不是讲课需要，老师怎么舍得花那么多时间请学生来回答问题呢？所以说，老师课堂上提出问题让学生来回答，有明确的目的：可能是在帮助学生唤起记忆，或是在引导学生开动脑筋思考，又或是在引起学生的注意，等等。

不管老师的目的是什么，对孩子来讲都是一个很好的锻炼机会。回答问题越积极越利于接受知识。家长有必要耐心指导孩子鼓起勇气，从容地举起自己的手，向老师示意：我愿意回答这个问题！

1.孩子的回答推动老师讲课

在课堂上，谁学到的东西越多、获得的提升越大，谁就是赢家。单就学生方面来讲，他越是能够调动起老师充分表述所讲内容的热情，越是全身心地融入听讲中去，越能学到更多的东西。所以，家长有必要告诉孩子，老师请学生回答问题的时候，一定要积极思维、大胆举手。这样也能够提升老师的情绪，激发老师尽全力播撒知识的热情。

如果孩子比较胆小，怕出错露怯，家长可以告诉孩子：你说错了也没关系，因为老师就是要通过请同学回答问题来检验大家对知识的理解、掌握情况，从而判断是继续往下讲，还是重复讲一下刚才的内容。而从同学方面来讲，因为你的错代表了一部分同学的不足，因为你的坦率回答使得他们获得了再一次听讲的机会，所以他们也是感激你的。既然你促进了课堂讲课向着利于每个人的方向发展，那么，就大胆举起手来吧！

家长还要告诉孩子：你积极回答问题的表现也向老师表明了你的学习态度，会让老师很宽慰。所以，即使你成绩不是很突出，也不会被埋没，而是会得到老师的关注。

有的时候，孩子总是举手而不被老师邀请，就会泄气，甚至觉得老师不重视自己。为了防止这种情况出现，家长可以预先告诉孩子，老师对每一位同学都是一视同仁的，当然，也要告诉孩子老师请了别人回答问题，自己的大脑也要跟着运转，这样才有利于自己的学习。

2.提高听讲效率

孩子上课走神儿是最令家长苦恼的，因为一走神儿，思想松懈，大脑运转速度减慢，就会产生思维上和行动上的惰性，很容易滋生消极情绪，对学习非常不利。然而，一节课几十分钟，很容易思维疲劳，当老师提出问题的时候，孩子的精神受到刺激，随之兴奋起来，特别是被老师叫到回答问题后，就能更加集中精力。所以说，培养孩子上课积极回答问题的习惯，能够防止孩子走神儿。

当一个孩子把上课回答问题当成一种荣耀的时候，就会期待着老师提问的时刻，也会认真地听讲为回答问题进行准备。

3.开发智力

当老师提出问题后，想回答的孩子必须快速回忆起刚刚讲过的知识，然后根据老师提出的问题进行分析、推断和综合，并得出结论，这个过程大大锻炼了孩子思维的敏捷性、逻辑性。有的时候回答问题还会用到以往学过的知识，大大锻炼了孩子的记忆力。

4.促进了孩子情商的发展

有的孩子胆小，不敢当着人说话，家长鼓励孩子在课堂上大胆地回答问题，既锻炼了孩子的语言组织能力，也增强了孩子的勇气。

有的孩子不敢回答问题是因为怕回答错了，如果家长多多鼓励孩子，孩子回答几次后，家长多肯定孩子的勇敢，孩子被成功的满足感激励，自信心会大大增强。

当孩子从课堂上悟出自己积极回答问题是对老师讲课的一种支持，是对老师劳动的尊重，会受到老师的鼓励的时候，孩子的交际能力就获得了提高。

由此看来，孩子上课是否积极回答问题，不光是在检验孩子会不会做那道题或者那堂课听讲的情况，而是关系着孩子非智力因素、智力因素等素质发展的大事，家长要积极鼓励孩子上课多回答问题。

5.告诉孩子：课堂属于你

很多孩子上课不敢回答问题，是因为怕答错了或者觉得回答不回答不影响自己的学习。家长要从小改变孩子的这种观念，消除孩子的疑虑，让孩子真正成为课堂的主人。

美国教育心理学家布鲁纳说：“知识的获得是一个主动的过程，学习者不应该是信息的被动接受者，而应该是获取过程的主动参与者。”家长要告诉孩子，上学的过程，最重要的是要学会探究，拥有探究意识与对未知领域的浓厚兴趣，有强烈的问题意识，即使每天读书、写作业，也是为提出或者解决问题做准备的。课堂上积极回答问题，是一种检验、考察自己临场发挥能力和思维缜密程度的途径。所以，千万不要在课堂上拘谨，要敢于提出问题、回答问题，不要担心答错了。

答错了一方面暴露了学生没有正确掌握知识，有利于老师掌握学生的理解情况，从而调整教学进度；另一方面也为其他的学生提供了借鉴，省得他们以后犯这种错误。

“知之为知之，不知为不知。”不懂没有什么可耻的，不懂装懂才是学习的大敌。我们要卸下孩子在同龄人面前的思想包袱，让孩子明白即使回答错了也没关系，暴露出自己的错误更利于学习。

当老师提出问题的时候，有的孩子本来积极性挺高的，可老师总是不给机会，大大打击了孩子的积极性，于是就不愿意举手了。遇到这种情况，家长要给孩子做做工作，告诉孩子，老师不喊你，是因为他觉得有更适合的孩子来回答问题，不是不喜欢你，也不是喜欢其他同学，只要你在会的时候、想回答的时候就举手，总会有机会的。

当别的同学回答问题的时候，要开开心心地倾听，一边听一边想同学的想法跟自己的是不是一样，如果一样就算了，不一样的话，还可以举手发表自己的看法。

这几个时间段千万别放松

有位老师曾经在开始上课前对同学们说："请大家注意听讲，讲完课后，会有10分钟的时间，我们会利用这10分钟的时间做一个小测验。"结果，这节课学生的听讲效率比平时高了很多。

一节课45分钟，要孩子每一分钟都不走神儿，对于注意力水平还不是很高的小学生来讲，难以做到。关键地方认真听，在不关键的地方适度放松，课堂听讲效率更高。

1.开始上课最初的几分钟

课堂的前几分钟注意力是绝对要集中的。因为很多老师喜欢在一堂课的前几分钟采用承上启下的开头，将新旧知识紧密地联系在一起，如果赶上上一节课所讲内容比较重要或者比较有难度，还会详细地再讲解一次。讲的时候，老师可能会向学生提问。家长要告诉孩子这是非常好的温故知新的机会，在这几分钟注意听讲，就可以达到系统、完整地掌握知识的目的。如果老师提问，一定要积极思考，踊跃回答老师的问题。

2.课堂的最后几分钟

下课前的几分钟，也就是老师带领大家一起回忆整堂课内容的时候，注意力绝对要高度集中。作为一堂课的总结，老师会从头到尾带领学生对所授内容进行梳理，然后对重点、难点、关键点等进行小结归纳，以加深学生对本堂课重点、难点、关键点的把握。家长可以告诉孩子，这个时候除了要跟着老师的思路回忆课堂所讲内容，还要用心理解，使自己对当堂课所讲内容的记忆更加完善。

特别是在课堂上走了神儿、落下了讲课内容的孩子，更要珍惜这个“重讲”的时间，以补上漏洞。

3.课堂所讲是章节开始部分时

有些科目的连贯性、累积性比较强，如数学、语文语法等。在开始一章或者一节的时候，最初的几堂课往往是建立概念的阶段，听好了后面会更轻松。这个时候注意力一定要高度集中。概念、公式、定理等的推导过程往往比较枯燥，理解起来比较困难，老师会反复讲、重点讲，听不好，就会影响下面知识的学习。

4.复习课时间

关于复习课的重要性，人们这么说：“平时教学是栽活一棵树，复习过程是育好一片林。”复习课有一项重要的内容，就是老师串讲全书或者已经讲完的章节的内容，以便于孩子对所学知识掌握得更加系统化。这样的复习课一定要集中注意力听。复习课上老师重点强调的内容，一定要在笔记上标示好了。老师讲解综合型题目的时候，也要注意听讲，听的是老师的解题方法、解题思路。

记好老师的课件笔记

课堂听讲是要记老师的课件笔记的，但是如何记笔记确实是个大问题。我曾经接触过这样一个孩子，这个孩子考上大学后对我说："上了这么多年学，总结一下学习经验，我明白了自己在学习上是走了弯路的。"为什么这么说呢？

他就记笔记这件事谈了自己的感受。他说："读到三年级的时候，我向同学请教问题，当同学拿出课堂笔记让我看的时候，我知道了上课听讲是要记笔记的。从那以后，课堂上我埋首做笔记。于是，我有了和老师课件没有多少区别的笔记本，翔实而清楚。那个时候，我一度为自己有了这么完整的笔记本而自豪、兴奋。"

谈到这里，这个孩子笑了笑。他说："到了四年级的期末，我几乎拥有了全班最美丽、最完整的笔记本，同学们记笔记记不全的时候，都来向我求助。但是，我的学习成绩却比三年级的时候下滑了一大截。

"在三年级的时候，老师喊我起来回答的问题几乎是别的同学答不上来的，而到了四年级，别的同学答不上来我也答不上来。我似乎感觉到了自己的学习成绩在下降，却找不到原因。爸爸妈妈虽然不满意我成绩的下降，但是看到我很用功的样子，并没有指责我。

“后来有一天，我脚崴了，同学们出去活动的时候，我待在教室里写作业。教务主任查看班级课间活动情况，看到我待在教室里，问我怎么了。我如实回答后，就聊了起来，教务主任看到了我摊在课桌上的笔记本，他说：‘你的笔记记得很出色，是个认真学习的孩子。但是，一定要记住课堂上听讲是第一位的！’

“受教务主任的启发，自己也琢磨了几次后，我明白了是自己为了记好笔记而耽误了听课，降低了学习的效率，才导致了学习下降。从那以后，我努力协调听讲和记笔记这两件事，到了初一的时候，我不但能够高效率地听讲，还能记全笔记。可以说，我在听讲方面是经历了一些挫折的，但是我最终找到了正确的学习方法，帮助我迈进了重点大学的校门。”

老师们都提倡学生记课件笔记，虽然老师的课件体现的是课本内容，但是却有远远优于课本内容的品质：

首先，老师的课件重点突出。为了让学生能够听好课，每一堂课的课件都是经过老师精心设计和巧妙安排的，课件概括了当堂课的主要内容，重点非常突出。

其次，老师的课件体现了知识点相互联系的一个框架。孩子记下来，不但有利于了解当堂课所讲内容的结构脉络，也有利于记忆。

课件笔记是一定要记的，但是怎么记才不会影响课堂听讲呢？需要很好地掌控。

如果课堂时间比较紧，笔记是可以“偷懒”的。这里的“偷懒”不是说可以漏记，而是说可以用一些智慧的方式减少写字的时间，以省出更多的时间来听老师讲课，思考、理解老师所讲的内容。

比如，概念、公式、名词解释这些内容，可以只在笔记本上写上名称，然后留出空白地方，详细的内容可以等待下课后再补充上。

课本上有的内容，可以先在课本上做个标记，相同的标记再放在笔记本上，然后留出空白地方，详细内容等下课后再补充全。

另外，还有很多地方都可以做标记的。比如，用问号（？）表示对课文中有关问题的质疑；用波浪线（~~~~~~）表示关键性的语句和段落；用加重点（·········）表示段落中关键性的字；用单直线（—）、双直线（=）和三直线（≡）表示课文中重要程度不同的概念或定义。

如何跟着老师思路走

孩子学习知识的主要方式就是通过课堂听讲，所以，课堂听讲的质量、课堂时间利用的效率决定着孩子成绩的好坏。

在课堂上，老师是知识的传授者，孩子越是能跟得上老师的讲课思路，接收到的知识就越多。可是现实中，有的孩子一堂课下来，几乎记不起老师讲了什么；有的孩子虽然记住了一些，但是记忆却不全面，丢三落四。为了让孩子能够充分地接收到老师传播的知识，做到当堂知识当堂掌握，家长可以从以下几方面培养孩子跟上老师讲课思路的能力。

1.不钻“牛角尖”

有的孩子在听课时遇到听不懂的地方，就很执着地去钻研那个地方，以至于漏掉了大部分的课堂知识，这样做得不偿失，所以，千万不要在课堂上钻“牛角尖”。

当然，遇到听不懂的，可以稍微想一想，如果一时还不明白，就应当先做个记号，暂时放下，继续听课。有时，一时没有听懂，在继续听课的过程中，可能就弄明白了。如果一堂课下来，都没弄明白，就等到下课后好好思考一下，实在想不通就问问老师、同学。

在课堂上，只要孩子基础不是很差，老师讲课基本都能听懂。那些孩子的走神儿问题，大多是学习态度不端正导致的。

比如，有的孩子觉得所学内容太容易了，老师一讲就听懂了，用不着那么认真听讲，心理上一放松，思想开始抛锚，思路一下子就跑到九霄云外去了。等回来的时候，却听不懂老师讲什么了。几次这样后，知识的死角越积越多，就彻底听不懂了。这样的孩子问题出在不够虚心上。

有的孩子是在听讲的过程中，遇到了听不懂的地方，就觉得太难了，反正自己也听不懂，还不如玩一会儿呢。这样的孩子问题出在缺乏坚持到底的韧性上。

说白了，课堂听讲其实就是一个积极思维的过程，这个思维过程包括理解老师所讲，也包括自己思维的开拓。那些听讲能力比较强的孩子，能够准确把握老师所讲的重点和思路，是因为他们善于调整自己思维的方式，让自己的思维处于一种高度活跃乃至飞翔的状态。

2.快速进入听讲状态

为了防止孩子上课铃响以后不能快速地进入听讲状态，家长可以教孩子一些小技巧。比如，当预备铃响以后，快速地坐到座位上，进入安静状态，一边等待老师来上课，一边回忆与本节课衔接紧密的上节课的内容；也可以看看预习笔记本。这样，思维打开了，就不会被其他的兴奋事情干扰，能够较快地进入听讲状态。

3.可以超前思维

优等生因为知识基础比较好，理解能力比较强，很多知识老师一讲就明白了，大大降低了课堂知识的吸引力和挑战性。在课堂上没有了紧张感，就容易滋生思维的惰性，降低课堂听讲的效率。

如果你的孩子是一名优等生，你不妨教孩子几招。一个是“超前思维法”，也就是听着老师所讲的内容想着下面会怎么讲，如果讲的是例题，就想想还有没有另外的解法。还有一个是“发散思维法”，就是由老师所讲的内容联想到以前学过的知识，就像练武一样，让每一招每一式连贯起来，这样才会有更多的心得、体会。

4.中等生、差生好好预习

在班级里，中等生是最容易被忽略的一个群体，他们缺少关注。如果放任自流，他们也有可能因为缺少肯定而体验不到自我满足感，容易自暴自弃，滑向后进生的行列。

养成预习的习惯，可以最大限度地避免掉队。

预习的时候，最好做个预习笔记，记下课本的知识结构，上课的时候把笔记打开，一边顺着老师的思路听讲，一边与自己的笔记对照一下。这个时候，仿佛老师受着笔记的牵引一样，提高了听讲的积极性，不容易开小差。

预习的时候把重点和难点问题搞清楚，当老师讲到自己不懂的地方时，集中注意力听，边听边思考，看看老师是怎么分析、解答的。因为有了预习阶段的初步思考，听明白后会有一种茅塞顿开的感觉，这种情况下由于精神兴奋，能够大大增强记忆力。等有了空闲时间，再回过头来分析一下自己当初为什么做不出来，是方法不对，还是思考不够深入？如果是方法不对，就要找到解决问题的方法；如果是思考不够深入，以后思考问题的时候就要注意发扬锲而不舍的精神多思考一会儿。

和老师进行无声的交流

当下，很多老师都在着力和学生建立一种平等合作、对话理解的新型师生关系。这样，更易于促成师生间在心理上相容、相通、相互了解。若是在平时，可以通过语言沟通、网络沟通等方式达成；可是课堂上，特别是老师讲课的时候，学生就不好随便说话了。那要怎么办呢？

其实，老师讲课的时候，非常渴望了解学生的听讲情况，但是又不好一遍又一遍地问听明白了没有，这个时候，学生就需要想一些特别的办法了，比如，通过肢体语言、表情语言、眼神等向老师传达信息。老师看到这些信息，就能作出反应。

学生和老师进行无声的交流，默默地把自己的意思传达给老师，提高了老师的讲课效率，老师一定会非常开心。当孩子习惯了充当老师讲课情况的“反馈器”后，老师一方面会以孩子的反应为参照，去权衡其他学生的听讲情况；另一方面会对这样积极听讲的学生给予格外关爱和照顾，比如，多给回答问题的机会，多关注他们是不是听明白了。这样相互影响、互相促进，就形成了一个良性循环。

1.表情交流

好的老师在讲课时并不是单向的“填鸭式”的知识灌输，而是一边讲一边和学生沟通。学生的积极反应能让老师了解其对知识的掌握情况，及时调整讲课的速度和内容的深浅，必要时进行重复性讲解。

家长要告诉孩子，老师在讲台上讲课，双目要看着老师，如果听得开心、明白，可以点点头，微笑一下，表示对老师的回应，老师受到鼓励后，会更用心地讲课。

老师善于用自己的目光洞察学生的心理，所以，如果自己听得不是很明白，就要变化表情，比如，瞪大眼睛，露出疑惑不解的表情。这样，老师就会明白你是有疑问的，在跟着老师的讲课思路思考；如果是老师口误讲错了，会马上纠正，不至于让学生学到错误的知识。

家长也可以教孩子用巧妙摇头的方式来表达自己没有理解老师讲的内容，或者不同意老师的看法。孩子摇头的时候，姿势要端正，目光直视老师，然后慢慢摇头，千万不要摇头太快，以免引起老师激烈的情绪波动，影响讲课。

2.留待课后交流

当然，如果老师没能发现你传递给他的信息，也不要气馁。可以先把自己的问题写在小纸条上，等老师讲完课，有了自由的时间，再问老师也不迟。千万不要因为老师没有及时回应而产生情绪波动，那样会影响听课的效果。

3.抓住老师思路

老师在讲课过程中往往会提出一些问题，有的要求回答，有的则是自问自答。一般来说，老师在课堂上提出的问题都是学习中的关键，家长一定要提示孩子认真思考，不要像没事人似的等待老师提供答案，因为经过思考，才能更深入地理解问题。

当老师给出解答方法的时候，家长要告诉孩子，不要只限于了解答案，而是仔细听听老师是怎么解答的，运用了什么方法，掌握住了解题方法才能灵活运用知识，达到举一反三。

4.识别老师的提醒用语

小学生的注意力持续时间不是很长，听着听着难免走神儿，因此，为了让学生集中注意力，老师常常会说一些提醒的话语。比如“大家注意！”“这个知识点每年考试的时候都会出现在选择题里。”“我再重复讲一遍这道题。”“这个问题的关键是……”

孩子可能一时不能领会老师这些提醒用语的意思，家长最好告诉孩子，老师说这些话，是在告诉你哪些是重点，哪些比较难理解，哪些容易出错。老师说过一遍不一定能记住，那么就在书中或者笔记本上重点标注一下。

既要听好课，又要做好笔记

听课、做笔记，这是很多孩子不能协调好的一件事。他们觉得，听老师讲课的时候怎么能够做笔记呢？做笔记的时候怎么能听好课呢？可是，听课和做笔记又都是不能马虎的事情，于是，很多孩子为不能同时把两件事都做好而搞得很纠结。

事实证明，听课和做笔记是相辅相成的，只要注意方式方法，很容易将两方面都处理好。

1.听讲与做笔记相辅相成

如果要在听讲和做笔记之间进行一个选择的话，那当然是听课为主，做笔记为辅。其实，这两件事并不是水火不容的敌对关系，在那些善于学习的孩子眼里，听讲和做笔记是相辅相成、互相促进的。做笔记有助于稳定学生的注意力，听讲能让学生易于接受老师所讲的内容。

在课堂上，学生跟着老师的思路走，不断地思考、理解、质疑，才算把课听好了，只有听得好，才能了解这节课老师讲的重点、难点内容，在听明白的基础上，顺手记下重点、难点内容。

其实在整个过程中，听和记并没有分离，而是靠着思维连接在了一起。这样，听课就成了一种动手与动脑相结合的学习行为。在做笔记时，不光手在运动，脑子也在随着记录下的问题不断转动、深入思考。记到哪里想到哪里，不自主地还会产生一些联想，迸发出一些思考的火花，对知识的理解和记忆都很有帮助。

2. 巧妙做笔记

所谓的笔记，不一定是老师所有的课件，那样的话，只是把知识一字不漏地呈现在了笔记本上，大脑却没有跟着老师一同思考，一下课什么都忘了。

老师是以课本为依据讲课的，很多课本上有的东西没有必要详细记录。比如，例题的解题步骤、概念的描述等。但是，有些内容是一定要记的。比如，老师补充的题目、老师的解题思路、老师归纳总结的典型的解题方法、和以往所学知识联系紧密的知识、课堂上没有弄懂的问题、自己存有疑问的地方等。

其实，做笔记就是为了整理笔记。因为整理笔记的过程既是一个对当天所讲内容进行复习的过程，也是一项为以后学习留下资料的工作。

整理笔记的过程就是一个“填补、扫疑、巩固、发挥”的过程。所谓“填补”就是把上课没来得及记的知识对照着课本填写上去，把重点内容标记出来。“扫疑”就是对于上课存有疑问、没有听明白的地方再仔细想一遍，如果想不明白，尽快地向老师、同学求助。“巩固”就是一边整理笔记一边把老师课堂上所讲的内容重新在脑子里过一遍，加深记忆。“发挥”就是自己考考自己，想想课堂上老师所讲的题目还有没有其他的解法，这些题目还可以转变成其他的什么样的题目。这个发挥的过程有助于灵活掌握知识。

为了提高孩子做笔记的水平，家长平时要指导孩子多读书、多练笔，以提高思维速度和写字速度。这样，就能腾出更多的时间听课。

3.绝不牺牲听课时间

在学习的过程中，一定要记住思考比记忆重要，想象比背诵重要，问题意识和发现意识比背诵与记忆知识重要，批判能力比模仿能力重要（模仿在儿童阶段也是一个不可缺少的学习方式，特别是在行为规范方面），而创造能力才是最终目的。如果一味地做笔记不听讲、不思考，创造力也就无从谈起。

千万不要以为，有了笔记，看笔记就等于听老师讲课了，什么时候看都一样。试想，如果课堂上无法很好地吸收老师对一些知识点的细致讲解，等到时候补充、消化，怎么比得上现场吸收来得及时、有效呢？更何况，课后还有课后的事情，有的东西是无法通过课后弥补的。

比如，在英语课上，听讲的内容不限于老师对语法知识、单词拼写等方面的讲解，更重要的是认真听老师说英语的语音、语调、重音、连读、断句等发音要领，并随时地跟着老师朗读，以便培养自己纯正地道的英语口语。

在课堂上，孩子不仅可以听到老师对知识的精心讲解，而且可以学到老师分析问题、解决问题的方法。一旦听不明白，可以随时把自己的吸收情况反馈到老师那里，让老师了解到学生对知识的掌握情况，做一些适合学生的调整。

老师讲课有套路

师生关系是一种交往、合作关系，在这个交往过程中，越是相互了解越有利于老师完成授课任务，学生学会所讲知识。

虽然老师竭尽全力了解学生，以便能够因材施教，但是，老师的精力毕竟有限，不可能对全班那么多学生都照顾得很周到，总是有力所不及的时候。如果学生主动地了解老师的性格脾气、讲课套路、语言风格，能够大大提高听讲效率。

1.共同的讲课思路

很多老师在讲课的时候有一些相似点，家长指导孩子抓住这些相似点，有利于提高听课的效率。

第一，为了帮助同学进入学习的状态、很好地讲下面的课，老师会带着大家一起回忆上一节课所讲的内容，还会提问题让同学来回答。我们要告诉孩子，一定要积极回答问题，这样，可以检验上节课的学习效果。一旦答错了，还会获得老师的细心讲解，就扫清了知识障碍。

第二，临下课前的几分钟，授课老师都会对当堂课所讲内容做个概括性的回顾和总结，认真听，相当于在老师的引导下复习了主要内容，对于当堂课的重点、难点、关键点有了更深刻的理解和记忆。家长可以告诉孩子，这个时候除了记住老师的归纳，还要用心理解，以便更好地掌握当堂课所讲的内容。

孩子上学后，家长把这两个重要情况跟孩子说明白，有利于克服孩子刚上课时的注意力不集中和课尾急于下课的焦躁心理。

2.独特的讲课方法

孩子们喜欢不同类型的老师，有的孩子喜欢口若悬河的老师，有的孩子喜欢语言幽默的老师，有的孩子认为逻辑严密的老师水平高，有的孩子觉得善于启发的老师能让自己快速理解知识……于是，自己喜欢的那类老师就成了孩子心目中的好老师，上他的课积极性会很高，相应地学习成绩也比较好。

而对于自己不喜欢的老师，孩子往往会表现出反感情绪，这个时候，家长要及时地给予疏导，让孩子明白，老师不是圣人，也有自己的个性，不管老师以哪种方式讲课，都是在尽全力传播知识，要学会适应老师，才能提高学习成绩。

家长要耐心地开导孩子，让孩子明白学习的主体是自己，只有努力学习才能取得好成绩。不管你多么不喜欢老师，学校也不可能因为一两个学生不喜欢而换掉老师。所以，聪明的孩子总是想办法去适应老师，包容和自己不同个性的人，这样才会变得心胸开阔。

还有一个客观现实，家长一定要告诉孩子，那就是不同科目老师的讲课方法、讲课风格、语言特点也是不一样的。比较擅长理科类的孩子可能对文科老师的讲课方式不大喜欢，喜欢文科的孩子可能觉得理科老师讲课太枯燥。出现这种情况的时候，家长要跟孩子讲明白，理科，比如数学逻辑性比较强，需要严谨地推理；文科，比如语文有故事、有情节，会显得生动、形象一些。老师的讲课风格也在一定程度上取决于科目的不同特点，接纳老师的讲课风格，才能培养起对不同科目的学习兴趣。

在课堂上，老师传授知识，学生接受知识。可以说，老师和学生都是课堂上的主角，他们紧密相连、不可分割、相互影响。只是老师面对的是几十名学生，而每位学生面对的是老师这个个体。如果量化一下，孩子只是老师眼里的几十分之一，要想和老师配合好，只有孩子主动去和老师呼应，才能保证跟得上老师的讲课思路。

3.主动适应老师

当孩子在家里表露出对哪位老师的厌恶情绪的时候，家长就要立即行动，给孩子排解坏情绪，让孩子有个正确的判断。有位妈妈是这样改变自己的孩子的。

女儿放学回家，一边写作业一边嘴里嘟嘟囔囔。妈妈看到女儿正在写数学作业，心里动了一下，因为昨天女儿就说了一句："讨厌死数学老师了！"

妈妈问女儿："怎么了？如果累了，就休息一会儿再写！"

女儿说："什么啊！刚毕业的数学老师讲课啰啰唆唆，我们很多同学都听不明白！有的同学请他再讲一遍，他还很不情愿！哼！什么老师啊！我们都商量着要写抗议书！解聘他！"

妈妈瞪大了眼睛！开学都这么长时间了，怎么能说解聘就解聘一位老师呢？更何况，孩子们这样也太任性了啊！

妈妈对女儿说：“一位刚毕业的老师，当然不会像有了多年教龄的老师那么懂学生！明天上课的时候，不要去想老师的啰嗦，像对待其他老师一样尊敬他，耐心去听他讲的每一句话，看看效果怎么样！如果实在忍受不了老师的啰嗦，可以试着跟老师聊聊，或者给老师写一封态度诚恳的信，但是，不可以在课堂上跟老师起冲突。”

女儿觉得妈妈说的有道理，不仅自己按照妈妈的意思做了，还引导同学们也这样做。渐渐地，大家都觉得这位老师讲课的能力并不是那么差。

不同的老师讲课水平、授课方式、对学生的态度会有区别，适应老师就要调整自己。

第4章

写作业习惯
——真正的“100分”作业

写作业不但能巩固所学知识，还能检验是否掌握了所学内容，透视学习状态。一个懂教育的家长，关注孩子的作业不光看他是否按时完成、准确率有多高，而且会耐心地教孩子一些实用的方法，帮助他主动、积极、高效地写对作业。

列个作业时间表

孩子不能按时完成作业，问题出在哪里？原因很多，但最主要的原因就是贪玩，玩到了兴头上忘了写作业。玩耍有利于孩子的智力发展，家长应该支持，但是上了学的孩子毕竟学习才是正业，所以，作业比玩耍要重要。

从上学起，就培养起孩子按时完成作业的习惯，以后就不用怎么操心了。

很多家长习惯了每天叮咛孩子："一放学回到家就写作业啊！""写作业，写完作业再玩！"这样的叮咛一开始或许能够规范孩子的行为，时间长了，孩子就当成耳旁风了。

当孩子不在乎你在说什么的时候，说还不如不说。但是有的孩子很顽劣，如果家长不说，他就不做。对于这样缺少上进心的孩子，家长就要动动脑筋，把孩子引导到正确的行为上来。

有一位家长发现自己的孩子不按时完成作业，他不是严厉地教训孩子，而是把孩子拉到身边，对孩子说："咱们玩个游戏吧！"一听游戏，孩子乐了，兴奋地问："什么游戏？""填表格啊！"孩子更好奇了，填表格？他催着爸爸把表格拿出来。

爸爸拿出制作好的表格后，对儿子说："从今天开始，每天晚上睡觉前，你就在这个表格上画上你写作业的时间。如果没有写作业，就要空着。如果你每天都能主动画上，一个月后爸爸送你一件礼物，是你期待已久的！”一听有礼物，儿子很高兴就答应了。爸爸接着说：“爸爸每天都会检查，如果你画错了，或者忘记画了，爸爸会提醒你的。不过被爸爸提醒后，你的礼物可能就作废了。”儿子很郑重地点点头。

小学生童小明完成家庭作业时间一览表（一）

时间 日期	5点之前	6点到8点	8点到10点	10点以后
星期一	√			
星期二		√		
星期三				√
星期四				
星期五		√		
星期一			√	
星期二	√			
星期三			√	
星期四		√		√
星期五			√	

大约有两周的时间，儿子的作业表就出来了。时间一共10天，儿子有一天忘记写作业了，其余9天在哪个时间段写作业的时间都有。爸爸问儿子：“你觉得是写完作业再玩痛快，还是玩够了再写作业痛快？”儿子回答不上来。

爸爸说："每天在一个固定时间写作业，写完再玩，你会觉得很轻松。爸爸觉得你能做到，要不咱们试试？"儿子高兴地答应了。

小学生童小明完成家庭作业时间一览表（二）

时间 日期	5点之前	6点到8点	8点到10点	10点以后
星期一		√		
星期二		√		
星期三		√		
星期四		√		
星期五		√		
星期一		√		
星期二		√		
星期三		√		
星期四		√		
星期五		√		

爸爸为儿子挑选了6点到8点这个时间段写作业，这是因为孩子放学后已经休息过了，全家人也用完了晚餐。爸爸妈妈各忙各的事情，儿子正好写作业。

虽然这两周儿子有过两次让爸爸提醒，但是基本实现了每天都在这个时间段写作业。于是，爸爸带儿子去了一次海洋馆作为对儿子的奖励。

从那以后，这个孩子到了6点就会主动写作业。这就是习惯的力量，习惯的力量很大，养成在固定时间写作业的习惯后，便具有了这种稳定的行为方式，不需要家长的督促和提醒，甚至不需要自己刻意去想着，到了那个时间段就能主动写作业，为此，孩子自己也感到很轻松。

把作业轻松化

为什么写作业？当你问孩子这个问题的时候，孩子一定觉得你很傻，这还用问吗？作业是老师布置的学习任务，必须完成的！不写完，老师告诉家长，还不挨打啊？不管是大人还是孩子，都会觉得写作业是一件大事。

有这样一个例子：

孩子放学后，妈妈去接，一见面，妈妈就问："今天作业多吗？"孩子点点头。妈妈说："我先把你送回家，你到家写作业，然后妈妈再出来买菜！"孩子到了家里，奶奶拿过一袋奶、一根香肠，对孙女说："快吃！快吃！吃完了好写作业！"于是，孩子一边吃一边翻开书包，准备写作业，一不小心，把铅笔当成香肠放进嘴里，把舌头扎破了。

一家人手忙脚乱地为孩子漱口、消毒。孩子呢？嘴里含着消炎水坐到了书桌前，要写字。她说："要是写不完作业，老师还不得发到家长群里批评我不按时完成作业？"于是，奶奶端着一杯水和一个空茶杯坐在旁边，孙女一会儿喝口水含在嘴里，一会儿又把水吐在空茶杯里。就这样，在全家人的伺候下，这个孩子忍着舌头疼写完了作业。

这个例子充分说明了家长、孩子对作业的重视。但是这种带有自虐性质的重视，有点不近人情，颇有不管出现什么情况，都一定要把作业写完的味道。说白了，就是把作业看得高于一切了。重视过头，孩子压力大，反倒不利于学习。心理学研究表明，中等强度的动机最利于事情的发展。

作业是什么，作业只是一个练习，是知识的练兵场，检验的是有没有掌握知识，锻炼的是孩子对知识的应用能力，发展的是孩子分析问题、解决问题的能力，以及战胜困难的意志力。

不要让写作业成为一件令孩子不开心甚至有压力的事情。

1.作业是一种练习,好处却很多

家长要告诉孩子，作业是一种练习方式，要在写作业的过程中思考，能够达到练习的目的，掌握住所学知识就好。遇到了特殊情况，如生病了、遇到急事了，也不要强迫自己，过后用功补上就好。

家长还要告诉孩子，写作业是学生的任务，就像每天上课听讲一样重要。写作业可以巩固对知识的掌握情况，提升学习能力，获得好成绩。为了巩固当天所讲知识，老师每天都会留家庭作业。所留作业，几乎都是与当天课堂上所讲知识紧密相连的。写作业有利于复习，要一边写一边记忆，并与课本知识对照，注重理解，在实践中应用知识，更有利于对知识的理解和掌握。

当作业在孩子心中形成了一个重要而又可以完成的印象的时候，孩子会重视，又不会感到压力。

2.给孩子时间

有的家长见不得孩子做事情慢、做事情效率低、做事情差，总是忍不住伸手去帮助孩子，去替孩子做。当孩子对着作业本看了很长时间也找不到做题的思路，就忍不住上来指导孩子了。家长这么做，是对孩子的不信任，不相信孩子有做出这道题的能力，会导致孩子的不自信，容易使孩子养成遇到问题不好好想办法就向人求助的坏习惯。

当家长把时间交给孩子的时候，孩子可能安排不好。比如，耗费了很长时间也没写完作业，边写边做游戏导致作业质量差，等等。家长不要因为发生了类似的浪费时间的行为后，就把孩子管得死死的，什么都替孩子安排好，让孩子照着去做。要知道，孩子只有经历了做不好的状态才能实现做好的结果，只有品尝了做错事的后果，才能总结出怎么不做错事的经验，才能做到心里有数、行为有谱。

有的家长担心孩子能力不够，总是对孩子表现出一副不信任的样子。孩子稍微表现出一些自己动手的倾向，家长开口就是："你怎么做得好？放下！""这么难，你弄不了！""我送你去吧，转好几趟车，不好走的！"家长这种"矮化"孩子的做法，直接打击了孩子的自信，孩子也就把自己从"有能力的人"里面划出来，当一个没能力的人了。

所以，要想孩子有能力，父母就要觉得孩子行。当孩子有了做某事的想法后，家长就要鼓励孩子："去吧，你能行！""孩子，敢做就是好样的！""你能有这么好的规划，真强！"家长肯定而积极的评价，会增强孩子的自信，让孩子有勇气独立做事。

3.陪是为了不陪

家长除了为孩子做一个独立的表率以外，尽可能地让孩子自己的事情自己做，最初的阶段顶多做个引路人，等孩子上路后，就悄悄地撤回来。

孩子上学后，面对写作业这个新任务，新鲜劲儿很快就会过去。这个时候，家长陪伴或者监督孩子写作业是有一定的必要的。但是，家长一定要记得，你只是暂时地陪伴孩子，陪伴的目的是帮助孩子养成按时写作业的习惯，等习惯养成后，就应该让孩子自己写作业。

当孩子已经能够自觉地按时完成作业的时候，家长不要随意去监督或打扰孩子，给孩子独立写作业的空间。如果孩子在学习上的确存在不足，那么你可以等孩子写完作业后，平心静气地坐下来，好好跟孩子聊聊，这样孩子或许更愿意接受。

专心写作业

有的孩子不能专心写作业，家长说了，他可能还满不在乎，仿佛没有听到一样该干什么干什么，家长说急了，他还会振振有词：“不就是玩了一会儿吗？睡觉前写完不就成了吗？”接下来上演什么情景剧，不同家庭的剧情就大不一样了。

面对孩子不能专心写作业的情况，家长要想改变孩子，最为重要的一点是不要把问题扩大化。很多家长一看到孩子不专心写作业，就开始数落了，什么“学习成绩不好”“不爱学习”“不上进”“脑筋笨”之类的。总之，打击孩子的话说了一大堆，没有一句说到点上，结果呢，问题没解决，倒把孩子惹烦了。

人处于生气的状态时，是听不进劝告的话的，尤其是那个惹他生气的人的劝告。所以，当孩子不专心写作业的时候，家长要就事论事，改变孩子不能把注意力集中到学习上这个坏习惯。

1.不要陪伴孩子

家长千万不要因为孩子写作业不专心，就搬个椅子坐在孩子身边，看着孩子。这样做，对孩子的成长非常不利。

首先，这会增加孩子的“奴性”，减缓甚至影响孩子自主性、责任感的形成。写作业是孩子应做的事情，对于这个道理，有的孩子明白得快，有的孩子明白得慢。不管快慢，孩子在独立写作业的过程中都会明白并负起责任的。但是，如果家长每天盯着孩子写作业，那么，孩子就会觉得自己是在为父母学习，完全没有了为自己学习的快乐和满足，学习的主动性会降低。那么只要父母一不坐在旁边，孩子就东张西望了。

其次，这会导致孩子不专心。有的家长非常不懂得尊重孩子，孩子写作业的时候，他们往孩子身边一坐，盯着孩子的笔。孩子写字的时候，笔画歪了，他们拿起橡皮就给孩子擦掉，让孩子重写。孩子做错了题目，他们立马板着面孔：“错了！不好好想想就往上写！”试想，孩子在家长的压迫下，本来就感到紧张，出了错被家长严肃地指点一通儿，不但思路被打断了，还会更加焦虑、担忧，很难平静、理智地去学习。

所以，孩子写作业的时候，家长该做什么就做什么。但是，不要走得太远，最好是让孩子感觉到家长就在身边，这样有一定的约束作用。

2.把孩子拉回来

如果孩子有不专心的毛病，家长就要默默地留心孩子。当孩子的注意力被其他事情吸引的时候，家长最好在孩子没有扔下笔的时候走过来，对孩子说："已经写了一大部分，努力一下，写完就可以痛痛快快玩了！""今天写作业很专心，一口气写完，就更好了！"家长的意思，就是让孩子明白：父母在关注他是否专心写作业，希望他快一些完成作业。

3.制作一些小纸条

如果孩子在写作业的时候容易走神儿，家长可以制作一些小纸条，纸条上写上提醒孩子的话语："专心一些，准确率才会高哦！""一定要战胜自己，一次性把作业写完！""养成专心写作业的习惯，你的感觉会非常愉快！"……

这些正向引导孩子的话语，既能起到鼓励孩子专心写作业的作用，也会约束孩子的行为，让孩子在愉快的心情中坚持专心写作业，是个很不错的方法。

4.营造适宜写作业的环境

写作业前先把书桌收拾干净，只留有将要用到的书本、文具等。除此以外，父母也不要在孩子写作业的时候看电视、大声聊天，甚至吵架，最好做做自己的工作、读读书，有了学习氛围的熏陶，更利于孩子集中注意力学习。

仔细观察周围的孩子，越是独立、有自信的孩子，他对周围环境的抵抗力越强。在学习过程中，父母要少给孩子帮助，少说打击孩子的话，多鼓励，提升他学习的主动性。

及时写作业，不患“拖拉病”

在微信里经常看到有人痛苦感慨拖拉病犯了，浪费了很多时间，没完成工作任务导致主管脸色很难看，恨不得抽自己几巴掌，这次狠狠警告，发誓下次准时准点，往往好多下次都成了这次！几十岁的人了，怎么就能克服不了一个坏习惯呢？当主管叹息一声，问上学时一定不是先做完作业再玩吧？这您都知道，不到最后一秒绝不写，假期作业向来开学前几天紧急突击！

任何行为模式因积习成性后就成为复杂的心理方式，要想下个决心就改正过来已经很难。要想一生不被拖拉累，就从做到及时写作业开始吧！

我认识一个三年级的孩子，放学后写作业要到晚上9点。孩子花在写作业上的时间多了，相对来说，预习、复习和阅读、玩耍、交往的时间就少了，有的孩子做完作业时已经困得睁不开眼。好成长需要五彩缤纷的生活，业余只有作业的日子太枯燥了。

怎么做，孩子才能不磨蹭、不拖拉、快速完成作业呢？

1.限制时间，提高紧迫感

如果你的孩子已经显现出了磨蹭的苗头，家人坐到桌前了，他还没洗手；

妈妈喊了3遍，衣服都没穿上；5分钟了，作业本还没从书包里取出来，那么就该想办法改改了。

比较常用的方法就是限制时间，以增强孩子的紧迫感。有了时间限制，孩子就有了紧迫感，就不会觉得时间还多，玩一会儿再写也不迟。时间限制法之所以会对孩子有效，是因为用时间来控制时间观念不强、自我控制能力也不强的孩子，仿佛在孩子心中放了一个计时器，提示孩子快点做！

孩子思维比较简单，做事情前想象不到后果，不光要在写作业的时候限制时间，就是在做别的事情（如扫地、擦玻璃、挑选商品等）上也要限制时间。当孩子脑子里有了时间观念，就会逐渐改掉拖拉的毛病，变得越来越讲究效率了。

比如，写作业前，家长先指导孩子把要完成的作业列个表，让孩子先根据以往经验做个估算，看看大概需要多长时间；然后，再根据作业的难易程度，让孩子给作业排号，在表上标明先做哪个，后做哪个，尽量做到各科、各种类型交叉做。有一点一定要注意，不管哪一科的哪种内容都不能浪费时间，总体时间已经做了限定，有一部分内容拖延了就会延长完成作业的总体时间。

运用限时控制法的时候，制订时间标准要根据孩子的实际学习能力，并且要和孩子一起商量，被孩子认可的制度对孩子的约束力更强。

当然，家长不要忽视和孩子谈论作业质量的问题。家长可以对孩子说："写作业要有速度，也要注重质量，提高做题的准确率，不能因为图快而字迹潦草。"

养成了快速、准确完成作业习惯的孩子，不管是做作业还是做事情，都不会拖拉，因为这样的孩子时间观念非常强，他是不屑于拖延的。

2.让孩子坐个硬板凳

加州大学人体运动学教授摩尔豪斯博士曾做过一个试验：他让20名学生先坐在柔软的沙发椅上读书，过了一段时间后，又让学生改坐很不舒服的硬椅子。结果发现，那些坐硬椅子的学生因为不舒展而不断调整坐姿，虽然看起来好像毛躁不安，但学习效果却好很多。

摩尔豪斯得出了结论，他认为原因在于硬板凳不舒服，孩子不停地动，加速了血液循环，使脑部得到更多的氧和糖，脑力充沛，学习的效率大大提高。

不要因为想让孩子舒服而给孩子准备柔软的椅子，更不要让孩子坐在沙发上写作业，而是要给孩子准备一把像学校里那样的硬椅子，以此提高孩子的学习效率。

何谓磨蹭？由于做事拖拉、故意消磨时间，导致做事情效率不高。当下，很多孩子存在写作业磨蹭的问题。比如，写作业的时候，每写完一个字就转转笔，东瞧瞧、西望望；本来半个小时能够写完的作业一定要拖延到一两个小时才完成；写着写着，就去做别的事情，作业好像无关紧要似的，到了很晚都写不完。

孩子磨蹭，家长看着着急。他们担心如果孩子养成了这样一种磨蹭、拖拉的性格，长大了还不什么事情都落在别人后面啊！在这样一个充满竞争的社会，一个孩子不管做什么都落在别人后面就意味着这个孩子会失掉比别人更多的机会。

当然，那些做事从容、踏实，不急不躁的孩子，不能一概而论。这样的孩子即使什么事情都没有抢在别人前面，但是心里有谱，写出的作业反倒准确率高、及时不拖延。

而那些随性而为，做事无计划、无效率的孩子，经常磨蹭的话，就需要及早改变了。

3.奖惩好过催促

当孩子有一次很及时、很积极地完成任务后，妈妈要奖励一下，说："表现不错，快速完成了任务，你喜欢游泳，就带你去游泳，下次，继续发扬。"给孩子奖励，能强化好行为，减少消极行为。当孩子磨蹭一次后，可以剥夺一次游泳的机会，有了这次失去的教训，孩子趋利避害，就会避免失去更大的好处，管住自己不磨蹭。

当孩子做作业真的比较拖拉的时候，家长千万不要用消极的语言刺激孩子，更不能给孩子贴上"慢性子""小磨蹭""拖拉鬼"等负面的标签。这些标签本身带有强烈的暗示作用，让孩子觉得自己就是个拖拉的人，行动自然就慢慢腾腾、磨磨蹭蹭了。

相反，家长应该鼓励孩子说："你能够再写快一些的，努力吧！""妈妈觉得再过半小时你就能完成作业了！""你是个行动敏捷的男孩子，发扬你的优点吧！"家长的评价影响着孩子对自己的判断，家长对孩子充满希望，孩子自己信心满满，还会拖拉下去吗？

改变孩子完成任务的心态

写相同的作业，写完后，不同孩子从中获得的收益不一样。为什么呢？在于孩子写作业的目的不同、目标不同，关注点也不一样，如果抱着完成任务的心态写作业，用心较少，大脑思维的广度、深度、远度、高度不够，收获就会比较少。

那些抱着完成任务心态写作业的孩子，由于态度不够端正，容易注意力不集中，导致观察力、思考力、记忆力等不能发挥到正常水平，写出来的作业会有很多问题，比如，字迹潦草、错误率高、考虑不全面等。为别人写作业，写完就完事了，当然不会用心检查，检查也是走过场一样去完成任务。

而那些把写作业当成重要的学习过程的孩子，会很珍惜这个过程，不但精力集中，而且会一边写作业一边思考与记忆，在思考的过程中会联想到很多内容，通过回忆、比较、归纳等方法不断地建立、深化知识间的联系，把写作业的过程变成了一个复习、巩固、记忆所学知识的系统化的学习过程，大大提升了学习效率。这样的孩子，在写作业的时候也会好好检查。

有的孩子把写作业当成检验自己对知识掌握程度的一种方式，写作业的时候就像考试一样认真，写完以后还要仔细检查，作业的准确率也很高。

那么，家长如何培养孩子在学习上的责任心呢？

1.负责的态度：用心

学习和做其他的事情一样，如果用心了，投入进去了，就会感受到其中的魅力，甚至被吸引。写作业也一样。当家长指导孩子写作业的时候，真正地投入进去，那么，孩子也会喜欢上写作业。

要孩子投入进去，最为重要的一点是脑子跟着作业思考。有的孩子不知道怎么思考，家长不妨教孩子几点。

首先，教孩子使用一些比较实用的思维方法和工具。常见的思维方法有分析综合、抽象概括、逻辑推理、归类比较，以及系统化、具体化等。思维的过程可以使用一些思维工具。比如，用字典帮助理解汉字的音形义；见到题目后，跟以前做过的题目进行比较，看看能够归入哪一类里面去；通过画线段图找数量关系解答应用题；等等。

其次，要培养孩子思维的灵活性。思维的灵活性以多向思维为基础，在小学阶段，培养学生思维灵活性可从一题多解、一题多想入手，让学生灵活运用多种方法解题。一题多解，就是训练学生写作业时学会试用不同思路和方法解题，从而寻求最佳解题思路和方法；一题多想，就是每做完一道题后，认真想一想，该题运用了哪些概念和规律，该题主要考查的是什么，这道题能不能变一变，从另一个角度提出问题，等等。如果写作业的时候经常这样想，思维就被激活了，对写作业这件事情也会更了解，更有兴趣。

2.父母不要当绊脚石

当下的父母，什么都替孩子做了。早晨喊孩子起床，上学帮孩子背着书包，做功课的时候陪在孩子身边，写完了帮孩子检查，带孩子去补习班，等等。父母既像仆人又像主人一样照顾、监管着孩子的生活。

家长们有时很不讲理，他们一方面事无巨细地对孩子贴心照顾着，另一方面又满心地埋怨："现在的孩子独立能力太差了，太让人操心了！""我家的孩子什么都不会干，我每天就伺候他了，简直就是个小祖宗啊！"其实，是家长剥夺了孩子做事的机会，孩子没机会做事才不会做事。

在整件事情上，最受伤害的是孩子，应该叫苦的也是孩子。父母当了他能力上、行为上的绊脚石，使得他失去了发展自己独立能力、独立人格的机会。所有的事情都成了家长的事了，孩子的主动性又从何而来呢？

家长之所以没有觉察到自己的做法影响了孩子独立性的发展，是因为分数蒙蔽了他们的眼睛。他们觉得孩子考个好分数就能有个好未来。殊不知，在这个竞争日趋激烈的时代，孩子需要综合素质高才能站稳脚跟。所谓的综合素质，包括校园里学到的知识、技能、学习能力，家庭、社会上学来的生存、交往、交际能力等。而很多能力，都是在实践中磨炼出来的，没有亲力亲为，是掌握不了做事的技能的。

我们不可能预测到，将来孩子通过何种方式或途径去实现自己的人生价值，获取属于他的成功，我们要做的只有一件事，那就是鼓励孩子自主地去做事。如果想让孩子将来能够幸福地生活在这个世界上，家长就该放开手脚，让孩子自己的事情自己做，即使吃一些苦，也是送给孩子的一笔财富！

认真与严谨——从检查作业开始

有一项调查显示，学生写完作业后，让别人帮助检查的比较多，有高达49.6%的学生写完作业后不检查。

你的孩子是不是写完作业，急匆匆地推开椅子，快速把作业本、文具等塞进书包，就跑出家门了呢？

写完作业不检查的原因很多，主要为：孩子对作业认识不够，觉得写作业就是为了完成任务，完成了就是好学生；有的孩子觉得我能写出来，就不会有错，为什么费时间检查啊？想办法让孩子认识到检查的重要性，检查才会成为孩子完成作业过程的一个环节，真正地认真、严谨起来。

1.让孩子看到错误

写作业，是孩子独立运用所学知识去解决问题的过程。在这个过程中，受孩子掌握知识多少的影响、解题能力强弱的限制，孩子可能会出错。让孩子踏实检查的有效方法是看到错误。

当孩子写完作业后，父母帮助孩子检查一下，如果发现了错误，就告诉孩子："你的题目里有错题，自己找找吧！"然后把作业本交给孩子让他自己去检查。孩子找不出来的时候，父母可以指出哪道题出错了，然后让孩子重新改正。有了检查成果，孩子就愿意检查了。

为了提升孩子检查作业的兴致，家长可以把孩子要检查作业的目标缩小。比如说，孩子一共做了10道题，如果里面有3道题是错的，让孩子自己去检查可能会有难度。如果我们把孩子检查作业的目标缩小，3道题目3道题目地来，并且告诉孩子这3道题里有一道错题，那么孩子的积极性就高了。而且只要检查出一道错题，孩子就有了成功的满足感，会更加自信，接下来就愿意进行下去了。

刚开始，孩子不熟练，教孩子一些检查方法，带着练习几次就好了。小学一二年级的时候，重点检查格式是否正确、是否按照要求做了、字是否写得端正、有没有缺漏的情况、有没有写错；三年级以后，就要检查是不是按要求去做了、是不是抄错题了、做题的思路是不是正确、算式的列法是否切合了题意、计算结果是否正确；等等。

2.多鼓励鼓励

写作业之前，家长可以对孩子说："一个认真、负责的孩子，不但按时完成作业，还会努力把作业做正确，所以，写完一定会检查的！"这话会很奏效的！每个孩子都有“好孩子”情结，稍加鼓励，他们当然不会放过做好孩子的机会！

当孩子不愿意检查的时候，家长不妨对孩子说：“自己检查出问题来，你就是个细心的孩子！错着交到老师那里，就是个马大哈了！”

网上看到这样一篇博文。一个孩子把家长签完字的试卷拿给老师看，老师看到试卷上的错题孩子拿走的时候是什么样又什么样地交了回来。老师在心中感叹，有的家长对孩子一点儿都不负责任。但是，老师压抑住了内心的不痛快，问孩子是怎么回事。那个孩子脱口而出：“我家长看都没看就签字了！”老师不禁呆住了！

俗话说：“言教不如身教。”我们在孩子面前唠唠叨叨说一万遍“写作业的时候认真审题、仔细检查”对孩子所起的作用，其实都不如为孩子签字的时候，认认真真看过孩子的试卷，再郑重地写上自己的名字显著。或者说，当家长看都不看试卷内容就签上自己名字的草率行为瞬间被孩子捕捉后，就成了孩子行为的样板，因为相对于语言来说，孩子更容易受家长行为的影响。

3.在家里，让孩子当当检察官

无论是生活中还是学习上，我们都希望孩子能够细心、认真，不但有利于孩子的学习，更有利于孩子养成严谨的作风，无论做什么都踏实、可信。一个行为踏实、严谨的孩子写完作业后一定会检查，根本不需要家长的叮咛。

低年级的孩子不理解检查的意义，家长可以通过游戏的方式帮助孩子理解。

比如，妈妈打扫卫生的时候，可以让孩子做“卫生检查员”，去检查检查家里哪里没有打扫干净。孩子指出来后，妈妈就要对孩子说：“谢谢，家里又干净一些了，都是检查的功劳啊！”

妈妈出去采购的时候，让孩子把事先列好的采购单再检查一遍，并让孩子充当“采购检查员”。当孩子检查出漏掉了要买的东西和错写了的物品时，家长一定要提出表扬：“看看，多亏了孩子检查一下，要不我还得多跑一趟腿！”

有了这样的铺垫，家长就可以和孩子进军到作业的检查领域了。孩子写完作业，妈妈可以对孩子说：“来，妈妈和你一起检查检查，看看有没有写错的。”然后按照检查的一般过程，一道题一道题地、一个字一个字地和孩子检查一遍。遇到错误，就指导孩子改正一下。几次之后，家长就可以放手，让孩子自己去检查了。

怎么检查，有规律

如果你的孩子不会检查作业，就要找找原因。一般情况，孩子不愿意检查作业，一方面是因为没有认识到检查作业的重要意义，另一方面是孩子不会检查作业。告诉孩子，检查是完成作业的一个过程，写完了不等于写对了，检查检查才知道。至于怎么检查，家长要细细说。

1.查什么

要孩子检查作业，先要告诉孩子查什么。家长可以和孩子一起检查几遍，帮助孩子掌握这个过程，以后孩子自己检查作业就知道查什么了。

家长可以指导孩子按以下步骤进行检查：

第一，查有没有漏掉题目。

第二，查有没有抄错题，有没有漏写百分号、得数，形近字、同音字有没有出错，等等。

第三，查有没有看错题目要求。有的时候孩子做题，一看题目会，就按照常规方法做了，而忘记了看题目要求，如果所做题目要求写出运算过程，只口算个结果是不给分的，所以，检查的时候要好好看看题目要求、答题格式是不是正确。

第四，查答题内容有没有错误字词，符号、格式等是否有错误。

第五，查做得是否正确。

2.怎么查

当没有检查出因为马虎、笔误等问题造成的错误的时候，家长就可以指导孩子检查自己的思路是否正确、题目做得是否正确。检查的方法主要有以下几种：

第一，按步骤检查作业，对于比较复杂的数学题，家长指导孩子按照做题的顺序，一步一步地对解答过程进行检验；如果是一步到位的简单题目，只需检查一步就完成了。

第二，“倒着走”检查，就是把自己做出的答案一步步带入题目中去，验证一下是否合乎题意。

第三，重点查自己曾经出过错的题目、容易出错的题目、分值比较高的题目、自己答题的时候不是很确定的题目以及在草稿纸上重点提示的题目。

这些检查方法比较多，看起来比较繁杂，所以在教孩子的时候最好循序渐进，不要一下子就要求孩子学会。当孩子掌握了这些方法的时候，就能够灵活机动地应用了。

家长刚开始教孩子的时候，孩子很可能表现出逆反情绪，要讲讲不检查作业的害处，让孩子明白检查是做题必不可少的一个环节。

当孩子有了认真检查的行为，在检查作业的时候发现了错误，家长要肯定孩子的进步，当孩子体验到了这份“成就感”后，就会更加乐意检查。

在培养孩子检查习惯的过程中，家长要逐步引导孩子自己检查，千万不要图快而由家长代劳，那样对培养孩子良好的习惯和提高孩子的学习能力都不利。

为了提高孩子检查作业的兴致，家长可以邀请小朋友来家里一起做作业，做完作业后，互相交换着检查，这样能够大大提高孩子检查作业的能力，孩子之间还能互相帮助，互相监督。

时间紧时，用简便方法检查

有的孩子检查作业的时候，就是用眼睛看。看的时候，思维并没有进入题目中，甚至还是重复原来的解题思路。这样的检查方式，不容易发现错误。有的孩子只会一招，那就是像做题一样从头来过。这种方法虽然很好用，但是比较耗时，还容易陷入相同的思维方式中，不容易发现错误。

由此看来，家长还需要教孩子几招，以帮助孩子更好地做好检查，提高学习的效率。

1.把问题变成条件

做题的时候，所有的过程都是为了解答题目里提出的问题。按照互为条件的原则，题目里的问题也是可以成为条件的。把问题当成条件，随意从条件里拿出一个条件A作为问题，再次运算如果得出的答案正好是A，那么，就说明这道题做对了。如果不是，就要重新审题运算，再得出结果。

2.“=”的左边和右边

如果是数学算式题，求运算结果，检查的时候就看看等号的左边和右边是不是相等关系，快速算一下，如果是相等的关系，表明运算没出错，如果不是，就要重新演算一遍了。

3.重新审题法

做完之后，思维还沉浸在做题的过程里。抓紧时间，重新审一遍题目，用纸把答案盖上，就当重新思考一遍。如果感觉哪里有什么不妥，或者对题目产生了新的理解时，不要急于修改，反复再读，直至确定最后的答案，再修正、调整或者改正。

4.看一遍例题再检查

做完当天的作业，可以先把作业撂下，静下心来看一遍例题，脑子跟着例题的思路运转的时候，自然就会跟自己做的题目联系起来，并有个对照，感觉哪里不对劲，马上就会有所察觉。这个时候，再重新审题，和例题对照，看看自己到底错在了哪里，找到错误的原因后，改正过来。

5.看有没有漏掉条件

写作业的时候很容易漏掉条件，写完作业检查一下，看看有没有漏掉条件、题目。如果你的孩子平时写作业有丢三落四的毛病，容易看错条件、丢掉条件，那么，可以在孩子的书桌前贴上一张纸条，上面写上“不要丢条件”“不要看错条件”。这样，检查的时候，孩子就会在这方面下一些功夫，时间长了就把这个毛病给改了。

不管孩子用哪种方法进行检查，如果发现了错误，就是收获。发现错误后，如果从以下三方面进一步分析思考，那么效果就更好了。

第一，问自己错在了哪里。

第二，问自己错的原因是什么。

第三，符合什么条件，错误才能变正确。

第5章
高效复习习惯
——脑科学帮你轻松复习

复习能够克服遗忘、强化理解，按着记忆规律，复习得越及时、越连贯、越系统，巩固得就越扎实，接收起新知识来就会越顺利。可以说，复习水平决定着孩子的学习成绩和学业发展。

课后复习要及时

课后复习能对抗遗忘，促进消化理解所学知识。谁复习得好，谁对知识掌握得就好。为什么课后复习要及时呢？

著名心理学家艾宾浩斯的研究成果给了我们很好的证明。他说，人们对学到的新知识的记忆，1小时后只能保持44%，2天后只留下28%，6天后只剩下25%。从这些数据可以看出，记忆的最初阶段遗忘的速度最快，后来就逐渐减慢，过了相当长的时间后，几乎就不再遗忘了。

课后复习还能提升思维能力。复习的过程是对已学知识的再次理解、认识的过程，会使思维的深刻性得到发展。

课后，当天进行的复习，更能促进全面理解课堂知识，有的孩子甚至能够再现老师讲课的所有内容，可以说当天的复习是与遗忘进行的最重要、最有效率的一次战斗，这次获得了胜利，以后复习起来就容易了。所以，家长在辅导孩子养成学习习惯的时候，有必要教孩子养成课后及时复习的习惯。

1.结合笔记复习

课后复习最好结合整理笔记进行。完善笔记的过程就是回顾老师课堂讲授内容的过程，当然，其间会有记不起来、理解不了的地方，这时就应该结合笔记和课本开动脑筋好好想想补充上，如果还是不行，那么就写在小纸条上留待第二天问老师或同学，这样特别容易实现对当堂课所讲知识的记忆、再次理解和认识。

对于那些没有完全掌握的内容，一定要多花些时间，以后复习的时候针对性和目的性就会更强。

家长还要帮助孩子养成一个习惯，那就是复习之后把当天的知识纳入这个学期整个课本的知识系统中去，让知识形成一个大的网络系统，复习的时候一目了然，很能提高学习效率。

当然，低年级的孩子每天学习几个字母、几个生字之类的，内容比较少。为了让孩子养成记笔记的习惯，就要指导孩子记笔记。为了帮助孩子复习，家长可以按着遗忘的规律考考孩子，这个过程也就算复习了。

2.用复述的形式

让孩子把老师所讲内容复述出来，也是一种复习。这种复习能够促进孩子对所讲内容的理解与条理化。当然，孩子不一定能够把课堂上所讲的内容全部讲述出来，这个时候，讲不出的内容可以看看笔记。这个过程不但能够锻炼孩子的表达能力，而且有利于孩子把课堂上听到的内容内化，促进其对知识的理解和掌握。

如果孩子的复述能力已经不错，家长还可以提示孩子概括讲述。因为有的时候所讲的内容没有必要一字不差地复述下来。这时候，让孩子抓住要点、概括主要意思不但有利于培养孩子的概括能力，也能够提升孩子在听讲的过程中快速抓住主要内容的能力。

特别是，当老师对某一章进行了小结后，家长可以指导孩子对小结内容进行概述。把一个章节的内容概述出来，不但能促进对整个章节所学习内容的回忆、巩固，更能对存储于记忆中的知识进行梳理，把学过的知识纳入原有的认知结构，使所掌握的知识更好地系统化、网络化，实现对所学知识的内化和提炼。

像织网一样把知识系统化

当学习了一段时间，感觉学了很多知识，常常会有一种记住了这个忘记了那个的感觉，这时候，就会滋生一种学习很难的消极情绪，极容易使那些意志力不强的孩子失去学习的信心。如果家长帮助孩子织一张知识的网，把所有的知识系统化，醒目而直观地存在于脑海中，一闭眼就能想起，孩子就不会觉得自己没有收获了。

那么，家长如何帮助孩子去织这张网呢？

1.每天都做一次累加

一学期的知识不是一天就学会的，而是一天天学习累加起来的，这个累加不是垒墙，砌在那里就能几十年甚至上百年都不会倒，今天学的知识如果不复习明天就忘了。知识需要每天温习，把今天学的、昨天学的联系起来，织成一张彼此相连的知识之网，才能如墙一般牢固。

织知识之网，也就是把知识系统化。家长指导孩子把知识系统化最重要的一点是简练而全面，让孩子通过比较、思考找出重点。家长除了要指导孩子准确地写出当天所讲的内容，还要指导孩子复习前面的内容，寻找各个章节知识点的相关性。这样，每次默默地在大脑里走几遍，对知识的掌握和记忆都会更上一个台阶。

2.多角度出发

织知识的网，除了按照课本对知识的安排，纵向构建知识网络外，家长还可以指导孩子织就其他类型的网络。

比如，家长给孩子一个概念——数，然后让孩子从数出发建构一个知识的网络。我们会看到孩子能够写出小数、负数、分数、百分数、整数、自然数等。每种数又有每种数的性质，都可以写出来。接着再细分，小数可以分为有限小数、无限小数，它们分别有什么性质。接着再次细分，有限小数又可以分为纯小数和混小数……不管文科还是理科，课本都是系统传授人类社会发展所积累的知识，每一科都呈现出了系统、全面、精确的特点。如果家长经常引导孩子按照一定的标准把已学的知识进行梳理、分类、整合，不但能够沟通知识间的纵横联系，还能促使孩子从整体上把握知识结构。

知识之间的网络很多，常见的有同音字之网、成语之网、公式之网、错题之网、单词之网、阅读理解之网等。孩子建构知识网络的能力受学习能力、学习水平等的限制，不管孩子建构知识网络的水平如何，这个过程都是提升学习能力、学习水平的好方法，养成了习惯，成效会更显著。

3.考考自己

建构知识网络，也可以作为检验自己学习效果的一种方法。学习一段时间后，按照课本知识的走向，系统描画出一个全面的知识网络，既检验了对知识的掌握情况，也巩固了对所学知识的记忆。

除此以外，家长还可以指导孩子任意发挥。寻找一个知识点，以这个知识点为中心，向四周扩张，能延伸多远就延伸多远，能想到多少就写出多少。这个过程不单单是对已学知识的一个回忆，更重要的是一个深层次的理解，能够帮助孩子找到知识间规律性的东西、相互之间的联系，在自我反思的过程中真正实现自我修正、自我提高。

酝酿效应：累了，换一换

有时候学习者尽力去解决一个复杂的或需要创造性思考的问题时，无论多努力，还是不能解决问题。在这种时候，暂时停止对问题的积极探索，可能就会对问题的解决起到关键作用。这种暂停就是心理学上的酝酿效应。

即使没有遇到难题，对同一部分内容连续不断地进行复习，学习内容相近，大脑皮层工作的部位也比较相近，运转久了，很容易造成局部脑细胞内物质的消耗和废物的积累，疲劳来得会比较快，工作效率会下降，做不出来的题目或者记不住的内容会变多，孩子自身也会觉得累。

另外，相近的学科，在大脑中的神经联系也比较接近，如果相近的学科交替学习，容易使大脑中的神经产生重叠、交错，引起回忆时的混淆和差错，导致意义与写法相近的名词、意义相近的概念产生混淆。

复习一部分内容后，间隔一段时间再对这部分内容进行复习，效率会高一些。每隔一段时间或者感觉大脑工作效率比较低的时候，就换换科目、换换内容、换换方式，使大脑神经细胞得到交替休息，从而保持旺盛的精力，节省复习时间。

小学生主动掌控效率的能力可能不是很强，家长可以指导孩子几次，帮助孩子养成这样的习惯就好了。

1.转换学习方式法

学习的方式很多，如做题、朗读、背诵、阅读、抄写、默写、写作等。当孩子使用某种学习方式累了的时候，可以换另一种方式。

比如，做数学应用题二三十分钟后，头昏脑涨，被一道题目卡住了，这个时候，家长可以指导孩子放下数学题，做做其他形式的作业。比如，背背数学公式，做做填空题、选择题，写写数学日记什么的。过一会儿，再回来重新做数学应用题，那么效率就会很高了。

写语言字词的时候，时间久了，可以改写日记、朗读课文、背诵课文、默写、造句、阅读理解等，也可以看一会儿课外书。

不管复习哪科，如果学习的时间久了，还可以做一些预习、复习工作，整理笔记什么的。

另外，如果孩子实在累了，父母可以参与进来，采用父母提问孩子回答的形式，以提高大脑的兴奋性，加速脑细胞运转，大大提升学习效率。

2.调换科目法

当孩子学习数学一段时间后，可以换换科目，学习语文；学习语文累了的时候，可以学习英语。这样，每隔半小时就换一科目，由于不同科目用脑部位不同，能起到轮换休息的作用。当然，随着孩子年龄的不断增长，脑力不断增强，间隔的时间可以增加到40分钟、50分钟或1小时。

在换科目的间隙，孩子可以喝喝水、吃点东西，即使孩子的注意力向喝水、吃东西这些休闲的事情上转移，但是大脑实际上仍然在持续工作，在对刚刚输入的信息进行整理盘点，归到记忆库中去。所以，孩子适当地休息几分钟，家长用不着埋怨孩子。

3.把时间切开

同样的1小时时间，如果连续用了，产生的学习效果可能没有分几次用产生的效果好。举个例子，孩子要复习20个新词语，当天晚上集中复习1小时的效果，不如把1小时分成几次使用。比如，当天使用30分钟，第二天10分钟，第四天10分钟，一周后5分钟，10天后5分钟（孩子分时间段的时候，不一定要按照这个标准），效果会大大不同。

重点知识多次、集中复习

好的学习习惯不但能够帮助孩子掌握知识，考个好分数，还能节省出很多时间，不至于每天都把孩子搞得紧张兮兮的，没有玩耍的时间。重点题目重点对待，多次重复，集中复习，就是很多优秀学生养成的良好的复习习惯。这大概包括以下几种类型。

1.把例题重做一遍

例题有多重要？每道例题都包含了一定的数学概念、法则、思想方法等知识点，掌握了例题既有助于理解、掌握当堂课所讲的知识，又能巩固、强化孩子解题的能力和技巧。

老师上课讲完例题后，孩子当时一般能听明白，课后自己要再默默地做一遍。如果顺利做出来，就用铅笔打个“○”；如果思路不正确，打个“△”；根本就不会做，打个“☆”。这样将例题分类以后，再复习时就有针对性了。

对于画“☆”的，一定要反复研究，仔细推敲其解题的方法和技巧，宁慢勿快，把问题吃透，当再遇上同类题目时，能够较快地想出正确的思路和方法；对于画“△”的题，当时弄懂了以后，隔一段时间再复习一次，下次做同类题时，提醒自己不再犯同样的错误。最后，在冲刺复习阶段，浏览试题中画“△”和画“☆”的，如果同样类型的题多次被画上符号，则一定要引起重视，必须在该题上好好研究。

当然，随着孩子对题目掌握程度的改变，每一道例题孩子都能默默地顺利做出来了，那么这些符号也就全部变成“○”了！

2.建立一个错题本

做题的过程，可以说是一个“试错—知错—改错—防错”的过程。第一次面对一道习题，头脑中并没有一个准确的解答方法，一个方法一个方法地试着去解答，不断地淘汰错误的，然后得出一个正确的解答方法。

当然，并不是每次做题都能自己检查出对错，最后得到一个十分正确的解法。所以，在作业中、试卷上，都会出现红叉叉。孩子当然不喜欢红叉叉，他觉得红叉叉难看、丢人。这个时候，家长就要开导孩子，对孩子说：“出错只说明这部分知识没有掌握好，努力记住就好了。”然后，和孩子一起把错题改正过来，弄明白，就很好了。

弄明白后，家长就和孩子把错题写到错题本上，总结一下出现错题的原因，并提醒自己注意。每隔一段时间让孩子复习一下，自己考考自己，提醒自己以后不再犯错。

3.保存好试卷

不管是哪种类型的考试，考过的题目一般都是重点。所以，家长要帮助孩子从小养成保留试卷的习惯。而且，每次考试答错的题目，都要列到错题本里，多温习几遍。另外，如果考试中出现了因为马虎、思考不全面等关于考试经验与技巧性的问题，就在错题边上用大几号的字迹写清楚，为了能够起到积极的心理暗示作用，最好写上正面的语言。比如："一定要认真，不马虎！不把6看成8！""答题的时候，把已知条件看清楚！""做阅读理解题目，一定先把全文理解透了！"

整理试卷的时候，为了便于查找，家长要指导孩子按照顺序摆放，最好在老师讲评试卷后，在试卷的右上角写上哪天考试的，这样很容易查找。

每次考试前，都把考过的试卷看一遍，吸取以往考试的经验、教训，使得以后的考试少犯低级错误。

复习贵在认真

对于养成复习习惯的孩子，每一部分的知识，几乎都会经过四五遍的复习。具体地说，课后、三天后、七天后、两周后、一个月后、三个月后、考试前等，都会复习一遍。当然，这只是个大致的时间，孩子可根据自己的情况安排每次复习的时间。

孩子复习的次数越多，对知识巩固记忆的频率越高。但是，如果孩子每次复习都没有深入到知识中去，马马虎虎看过就认为是复习过了，那么，这种"走马观花"式的复习，跟没有复习没有什么两样。

只有认真复习，踏踏实实使每一次复习都落到实处，才能保证学过了就掌握了。为了实现这个目标，家长需要通过以下几种方法让孩子记忆得更全面、仔细、深刻。

1.全面过“电影”

无论是哪个层次的复习，复习完后，合上书，闭上眼睛想一想，刚才复习了什么，边回忆边写在纸上，对于回忆不起来的内容就先空着，回忆完后对照着课本和笔记本重新记忆。复习完了之后在脑子里过一遍“电影”，要尽可能地全面。

2.动笔法

“手抄一遍，胜读十遍”，是我国古代学者总结出来的实践经验。复习的时候，动笔写一写，有助于增强记忆。特别是，抛开书本、默写、背写，更能促使孩子开动脑筋，边写边思考，边写边理解。写完之后，一定要和书本对照，达到无漏误，仔仔细细地把所学知识掌握住。

3.过度记忆法

对于一些重点内容，需要记忆得更牢固。那么记忆到哪种程度既实现了牢固记忆，又不会浪费掉孩子宝贵的时间呢?

美国一位心理学家下了这样的定义：“识记某一材料达到最低限度熟记时，要进行断续学习或复习。”简单说，就是在刚好记住的时候，再多记几遍，以争取最佳记忆效果。德国心理学家艾宾浩斯通过实验证明，过度记忆也不是越多越好，过度次数与记忆效果并不保持相同的增加幅度。心理学实验认为：如果以恰能成诵的时间为100%，那么，过度记忆的最佳值为150%。再少则效果不显著，再多则耗时费力，得不偿失。

当然，我们要求孩子对重点内容、基础知识进行过度记忆，并不是让孩子多重复记忆几遍那么简单，而是在重复记忆的过程中更深入地去思考、去理解、去记忆。

有的孩子写作业的时候，抱着完成任务的心态，只求快快写完就可以去玩了，这样做必然导致不能充分思考、写作业质量不高的恶果。如果孩子在写作业的时候，目标是掌握知识、锻炼能力，那么就会动脑筋深入到题目中去，收获自然不单单是完成作业这个形式化的结果。

比如，动脑筋思考的孩子，一步一步有条不紊地完成，做题的过程中会想到这道题和以前做过的哪道题有相似的地方，然后翻到前面，对照一下，找出相似点，归纳出解答类似题目的方法，既巩固了以前的知识，又提高了解题能力。因为孩子不着急做完，可以避免因为急躁、丢三落四造成的马虎、潦草等影响准确率的事情。

再如，孩子在写作业过程中，大脑沉浸在所写的知识里，会想到老师在课堂上提示大家注意的问题，就能避免陷入容易犯的错误里。

4.扩散想象法

在写作业的时候，孩子一边写一边做拓展性联想，学到的知识是活的。比如，写一个生字的时候，可以想想这个字是什么意思、可以组成什么词；写词组的时候，可以想想这个词的近义词、反义词，在课文中这个词是怎么出现的；默写古诗的时候，可以一边默写一边想着每一句是什么意思；做数学题的时候，可以想想除了这种方法，是否还可以用其他的方法、哪种方法更简单、这道题跟例题里哪道题最相似。

最初，家长要有意识地培养孩子，等孩子掌握了方法，不需要刻意地去想，一边写作业就一边快速在脑子里过了一遍，而且能够马上检索出不懂的地方，学习效率非常高。

如果想到的问题不好解答，那么就把问题先写在小纸条上，然后继续写作业，等写完作业后，再想办法解决这个问题。

做熟一本习题集

做题，是每个求学的孩子都要做的事情。孩子通过做题复习、巩固所学知识，达到熟练运用所学知识的目的。有的家长觉得孩子做题越多、越熟练，对知识的理解越透彻，于是，把一本又一本的练习册搬回家里，让孩子做题。结果怎么样呢？孩子并没有如家长所愿地获得相应的能力，考试成绩也不高。

问题出在哪里呢？家长不解。其实，从孩子身心发展的规律来看，做太多的习题，每天沉浸在题海里，不利于孩子的全面发展。

首先，题海战术占据了孩子玩耍、交际、幻想、运动等的时间，制约了孩子的德智体美劳全面发展，不利于孩子健全人格、社会能力的形成和发展。

有的孩子在家长的安排下，每天的生活就是学习，很容易使孩子错误地认为分数决定一切，自己生命的核心圈就是学习，失去了感知生命、感知世界的机会，爱的能力降低，导致个人行为严重与社会现实脱节，影响未来的幸福。一些孩子对学习、对学校、对教师、对家长产生了叛逆心理，甚至酿成悲剧。

其次，孩子无限制地、大量地做题，花费了大量的精力，并对自己的思维、注意力、情绪、行为等方面进行有意控制，从而产生体力与心理上的疲劳，超出了身体能够承受的范围后，很容易产生某种疾病或心理偏差，如视力减退、厌学情绪、考试综合征等。

所以说，大量做题歪曲了学习的本性，不但影响孩子的全面发展，也不利于孩子取得好成绩。但是，做题作为一种重要的学习方式，能够促进孩子对知识的理解、记忆，有利于智力发展，是学习过程中不可缺少的。

说到这里，我们已经明白了，其实要实现做题对孩子学习的促进作用，就是要恰到好处地做题而已。那么如何做到这一点呢？我这里有一个方法，那就是做熟一本习题集。

不做题，即使把课本知识背得滚瓜烂熟，面对习题时也会手忙脚乱，到了考场上更不知道从何下手。因为知识有认识层次，如果没有达到灵活运用的层次，遇到一些陌生的题目就会束手无策。

所以，我们对孩子的要求就是吃透一本习题集，这样孩子通过做题，不但了解了各种题型，而且掌握了知识的内涵和外延。有了一定的解题经验后，不管在什么形式的解题过程中，都能熟练运用已学知识，构思成需要的解题思路。当然，熟练吃透一本习题集不是单单把这本习题集做完了那么简单，而是要彻底做会，领会做题的方法。即便把里面的习题变换一下形式，也能解答出来。

既然这本习题集肩负着“以一敌十”“以一敌百”的练习重任，那么选择习题集的时候一定要仔细。题目要契合课本大纲的要求，题型不但要全面，而且要和考试的形式吻合，能够体现出简单、中等难度、高难度三个层次的结合。这样，孩子才能获得最有效的锻炼，而不是陷入功课难题的堡垒而丢掉基本知识。

制订复习计划

与老师布置的家庭作业相比，孩子在复习这件事情上自由度比较大。自由多了，压力小，容易开小差。比如，孩子可能因为玩耍而忘记了复习；也可能因为作业太多而占用了复习时间；还可能因为到了复习一个月功课的时间，却只复习了一周的功课……不能让复习落到实处，一定会影响复习效果。

制订一个计划有利于养成按时、科学、高效复习的习惯，比较简单的方法就是通过表格来呈现计划内容。

一周复习计划表

日期	星期一	星期二	星期三	星期四	星期五	星期六	星期日
内容							

做好了这个表格，孩子在复习的时候就不用费心考虑当天要复习的内容，而是按照表格去做就好了。

不同孩子的学习情况不同，制订表格要根据孩子的个人情况。以下几点是值得参考的。

1.确定好复习内容

每天都要复习当天讲的新知识。每周的第三天，除了复习当天所讲知识，还要加上前两天所讲的知识，称为“三日复习”。“周复习”安排在周末，就是复习一周所讲的新知识。“月复习”在月底，即复习一个月所讲的新知识。

2.确定好复习时间

关于当天所讲课程的复习，不管是在学校里还是放学后，复习都尽可能地选择在做作业前进行，而且最好是在固定时间内进行。比如，如果在校园里的时间只够复习一门课程，那么以后就尽可能地把某一门课程安排在学校的那个固定的自习时间复习，其他的功课就选择放学后在家里复习。复习的时间，最好能够结合个人的特点来安排。由于每个人用脑的黄金时间不同，家长可以指导孩子摸索出自己在哪个时间段做什么效率最高，那么这个时间段就是做这件事情的黄金时间。当然，这需要孩子细心体会一段时间。

不是有了一次课后复习就能永久地记住了，接下来家长还要根据孩子的实际情况指导孩子复习几次，时间频率可以是三天、一周、一个月、三个月(具体的时间间隔频率，还要孩子根据自己的情况确定)等。当然，复习所用的时间根据孩子对知识的掌握程度来定，千万不要孩子会了还要让孩子花费很多时间，这样的话，可能会让孩子滋生厌倦的情绪，不利于养成积极复习的习惯。

当然，确定复习时间要根据当时的时间情况而定，可以往前移一两天，也可以往后推迟一两天。周复习最好安排到周末，月复习的日子一般在月末。如果学校里有月考，那么月复习的时间就要跟随老师的安排提前或者延后。

3.坚持执行计划

不管计划制订得多好，如果不去做，就等于0。复习计划是一个要长期实行，甚至要养成习惯的计划，最难的不是开始，也不是结尾，而是习惯养成前的一段时间是否能够每天坚持按照计划复习。所以，在复习计划开始后的一段时间内，家长最好提示、帮助孩子去实施。等孩子养成了习惯后，就会自觉地按时去复习了，家长就不用操心了。

复习时，运用创造性技法

思维必须以大量信息为基础，脑子里储存的信息越多，创造性思维发生的可能性越大。而学习是孩子获取信息的重要方式。

提高孩子的创造性能力，有一种很重要的方法，就是在学习中多多发挥创造性，这样既使学习这件事变得不再枯燥，大大激发了孩子的学习兴趣，又能锻炼孩子的创造力。常见的创造性技法有以下几种：

1. 检查提问法

检查提问法就是要求个体遇到问题时，能对相关事物的要素进行分解，然后再组合，以实现设定的目标。比如，等边三角形：等边+三角形；等腰三角形：等腰+三角形；平行四边形：对边平行+对边相等+四边形；散文诗：散文+诗歌。

采用这种“扩一扩”“缩一缩”“减一减”“改一改”“反一反”“代一代”“移一移”“搬一搬”的方法，有助于孩子解答问题。

2. 类比模拟法

类比模拟法就是用创造的客体与某一类事物进行对照，从而获得有益启发的方法。比如，孩子学习了三角形后，可以把等边三角形和等腰三角形对比、把直角三角形和等腰直角三角形对比，让孩子说出相同点和不同点，这个过程，能加深理解、记忆，更清楚地熟悉概念。

3. 缺点列举法

缺点列举法指通过发现现有事物的缺点，并一一列举出来，然后提出改革或革新的一种技法。

每个孩子在学习中都会出错，把错误誊写在一个专门的本子上，然后分别写出出错的原因，最后归纳一下，想办法改正错误。

比如，孩子有好几道题出错，错误的原因有的是看不清题意，有的是看错了数字，有的是算错了数，这个时候，就可以把出错的原因归结为做题的时候注意力不集中，不够认真。然后，针对这种情况想办法，每次做题的时候看两遍题，做完后再检查一遍。

4. 希望点列举法

希望点列举法指从人们的愿望出发提出许多构想，产生出一种有效的解决问题的技法。因为有期待，才会有美好的愿望，期待可能来自进步的愿望，也可能来自不如意的现状。

比如，孩子写作能力不强，很想写一手好文章。这个时候，家长就可以根据孩子目前的状况制订一个方案：从词汇、语法、语感等方面提高孩子的写作能力。具体做法是：每天抄写一篇范文，每两周读完一本课外书，积极完成课本要求的背诵任务。几个月下来，孩子就不会发愁写作了。

5.组合法

关于组合法，先讲一个组合创造的故事，一位贫穷的画家威廉把橡皮和铅笔两项不同的事物组合在一起，发明了把橡皮包在铅笔头上的铅笔，并获得了专利。他把这个专利卖给了拉巴地布铅笔公司，使该公司每年仅专利费一项收入就达50万美元。这种发明技法叫组合法。

等孩子懂得了什么是组合法，家长就可以布置任务，给孩子一些综合题目，让孩子去发现这些题目分别是用了哪些知识点组合起来的。

6.缩减元素学习法

缩减元素学习法可以用在英语学习、语文学习中。当孩子背会一个英语单词，家长可以对孩子说："任意去掉里面的一个字母，然后随意组合里面的字母，看看还能组合成多少单词？"

除此以外，创造性学习的技法还有很多，如逆向法、智力激励法、信息交合法、设问法、多路思维法、立体思维法、移植法等。只要孩子养成了创造性学习的习惯，就能积极寻找富有创造性的学习方法，提高自身的创造力。

第6章

高品质阅读习惯

——生活在书籍的世界里

阅读，是当下每个孩子都在做的事情，每位家长也都很期待并支持孩子阅读。可是，很多时候孩子的阅读效果并不好。最显而易见的问题就是功利性强，缺乏情趣性阅读，导致孩子阅读兴致不高，阅读品质低下。提高孩子的阅读品质，让孩子爱上阅读，才能从阅读中获得智力、能力、心智等各个方面的成长。

激起孩子的阅读兴趣

玲玲读小学三年级了，妈妈从书店里买来了很多少儿图书，有图片的，纯文字的；外国的，中国的；古典名著，现代故事……书橱里立刻就满满当当了。妈妈对玲玲说："以后放学了，你就从这里挑书读，全读完了，妈妈再给你买去！"谁知，每次玲玲都是大略翻翻，看完里面的图画就扔掉了。

妈妈很生气，跟玲玲一遍一遍地讲大道理，什么多读书才会气质好，多读书将来才会写故事，多读书能当作家，等等。可不管妈妈怎么号召，玲玲就是不看书，搞得妈妈苦恼不已。

玲玲妈妈虽然在孩子的阅读上非常上心，也花费了一定的心思，但是并没有收到良好的效果，问题就出在不懂孩子的心思。孩子的逻辑思维能力比较差，理解不了妈妈嘴里的不读书对未来的影响，也不明白读书的好处。看来，跟孩子讲道理不是一个好方法。

当下孩子的娱乐方式很多，玩电脑游戏、看电视等，诱惑力都很强。家长只有想办法让孩子感受到读书的乐趣，被读书吸引，孩子才会选择读书。

伟大的科学家爱因斯坦说过："兴趣是最好的老师。"有了读书兴趣的孩子除了喜爱读书外，还能从书中汲取各个方面的营养，而这些知识层面的营养让孩子的精神趋向于高雅、高尚，而不是浅显的感官刺激与快乐。留心一下身边的孩子，那些阅读兴趣广泛、有阅读习惯的孩子，不但有个积极、乐观的学习态度，而且价值取向非常正确，染上诸如网瘾等不良行为的概率也非常低。

那么，家长如何帮助孩子提高阅读的兴趣呢？比较简单易行又常见的方法有如下几种：

1.让孩子体会读书的乐趣

孩子体会到了读书的乐趣，就会觉得读书是一件快乐的事情，就会喜欢读书。对于刚开始读书的低年级的孩子，家长可以为孩子挑选一些故事情节简单但符合儿童想象和思维特点、能够吸引孩子的故事书，然后和孩子一起读。

情节贴近孩子生活内容的故事书对孩子的吸引力更强。连续发展的故事更能吊起孩子的胃口，使孩子天天想着。

有漂亮的图画的动物画册、彩色画面的故事书更形象生动，也能激发孩子的想象力，对培养孩子的阅读兴趣很管用。另外，小孩子在一起，通常会谈论动画片中的情节和人物，家长可以给孩子买一些跟动画片同步出版的书籍，孩子看完不但了解了内容，和小朋友有话题可以聊了，而且能生发出一定的阅读兴趣。

有的家长喜欢和孩子一起读完故事后，和孩子一起表演故事。要知道，孩子活泼好动，最喜欢游戏，以游戏的方式把故事内容表演出来，有助于理解和记忆，孩子读书的兴趣就更大了。

2.用有书的环境影响孩子

家庭环境对孩子有很强的熏陶和塑造作用。我们提倡给孩子一个有书的环境。所谓有书的环境，不是指家里有个放满了书的大书橱，而是指家庭成员喜欢读书，有读书的习惯，家人在一起经常谈论某一本好书。

这样的生活氛围，会让孩子觉得读书是生活的一部分，自然就会效仿父母多读书。

父母除了自己热爱读书外，最好结交一些爱读书的朋友。“谈笑有鸿儒，往来无白丁。”孩子和爱读书的朋友在一起，获得的也是积极的影响。

另外，家长平时多带孩子逛逛图书馆、亲子阅读馆、书店等，让孩子自己去选择书，也能激发孩子读书的热情。

3.不要滥管孩子的读法

有的家长把书给了孩子，希望孩子拿起书来就读。可是，有的孩子却做不到，他翻翻这本，看看那本，然后撂下就去玩游戏、看电视。遇到这种情况，家长不要强迫孩子，也不要跟孩子唠叨。要耐心等待，等待有一天孩子自发地对书产生了兴趣，有了一定的阅读经历，享受到阅读的乐趣后，再去引导和规范才好。

很多家长有个习惯，就是当孩子有了一定的阅读兴趣，并对某些书情有独钟后，就开始给孩子提要求，让孩子读什么《安徒生童话》《格林童话》。家长这样做，一旦诱发了孩子对这类书的厌恶和恐惧情绪，很可能因为“一棵树”害了“一片森林”，让孩子的阅读兴趣消失殆尽。所以，家长还是让孩子按照自己的意志选择图书吧！

打开品质阅读的门

有些四五年级的孩子，课外书也读了一本又一本，可文字水平还是很差，一般的文字性材料看不懂，写作文前言不搭后语，就是平时说句话也结结巴巴，没有一点逻辑。出现这种情况，只能说孩子的阅读品质不高。

阅读品质属非智力因素，努力培养孩子良好的阅读品质，不仅会提高孩子的应试能力，而且会使他终生受用。这是通向知识渊博、才思敏捷的金桥，会把他带入一个又一个新的人生境界。

孩子是否拥有良好的阅读习惯，虽然开始于他对书籍、对阅读的兴趣，但是阅读能力的强弱，自身所获得的知识面的提升和思考力的增强，还在于一个人是否具有较高的阅读品质。

汉代哲学家、文学家扬雄在他的《法言·学行》中指出："学者所以修性也，视、听、言、貌、思，性所有也。"现代社会要求公民具备良好的人文素养和科学素养，具备创新精神、合作意识和开阔的视野，具备包括阅读理解与表达交流在内的多方面的基本能力以及运用现代技术收集和处理信息的能力。由此可见，从小培养孩子具有较高水平的阅读品质，绝不是小事情。

1.满含着渴望投入阅读

当孩子知道自己处于学习阶段，需要学到更多的知识才能让自己有学问、有能力时，才会怀着一定要从这本书里学到什么的渴望捧起一本书，这个时候，他会非常认真地甚至是如痴如醉地去品读一本书，在这个过程中会尽可能地去记忆、去感知，而不是浮光掠影地把书翻一遍即可。毫无疑问，孩子无限饥渴地去读书，是名副其实的高品质阅读。

高尔基在《论文学》中说："书和人一样，也是有生命的一种现象，它也是活的、会说话的东西。"读者只有用心去体味，才能与会说话的文字展开对话，才能真正读懂作品，领会作者的意图。

有的孩子读书比较快，快不代表孩子没有领会，只要孩子进入阅读心理和阅读心境，说明孩子虚心期待着书中的内容，读的时候注意力集中，就一定会有收获。

2.专注于阅读

当孩子阅读一本书的时候，专注力越强，越能充分调动起全部的精力，越不容易被阅读以外的事情吸引、干扰，不但能获得比较清晰的感知，思考得也比较深入。从心理学的角度看，"注意是记忆的钢刀"（注意力越集中，记忆留下的痕迹就越深），也是分析思想内容的解剖刀。所以，家长可以通过提升孩子阅读的专注力来提升阅读品质。

孩子读书的时候，要安安静静地坐在书桌前，手里拿着一支铅笔，遇到好的语句、词语描画一下，有了什么阅读感悟写下来。家长要坚决制止孩子坐在沙发上、躺在床上的阅读方式，这样不但难以集中注意力，而且因为身体太安逸思想容易懈怠，阅读质量不会很高。

3.深入思考

我们常常发现，同龄孩子中总有一些孩子思考力、判断力、理解力都要高于其他孩子。这一点与孩子乐于思辨的阅读品质有关。一个阅读能力比较强的孩子，随着他对一本书的阅读，会不断地闪现出思维的火花。这样的孩子阅读一本书后收获比较多。而有的孩子只是领会了字面意思，即使作者的观点带有一定的时代局限性也读不出来，更无法指出作者错误的想法，这样的阅读可谓品质极差。

为了培养孩子阅读过程中的怀疑精神、思辨习惯，家长可以在孩子阅读后给孩子提一些问题，或者让孩子写写读后感、阅读札记等，以帮助孩子打开进入深思的门径。文字承载着一定的意义，具有指引孩子思想发展的作用，等孩子具有了思考习惯后，就能乘着文字的翅膀飞到更高远的思想境界。到那个时候，阅读带来的收获就会更加博大。

4.在阅读中发扬勤奋精神

同样是阅读，勤奋的孩子与懒惰的孩子，收获大大不同。勤奋的孩子在阅读中充分开动了脑筋，记忆力、想象力、思维力都处于较高水平的状态，获得的知识也就比较多。

那些在读书的时候能够自主地寻找并摘录下书中优美的词句、精彩的描写、生动的对话、好的开头和结尾、精辟的议论、新颖的结构，并能写出自己阅读感悟的孩子，一定是勤于学习的孩子。他们力争在学习的每个阶段、每个过程都获得较多的知识，所以，不允许自己懒惰，而是积极地寻找能够提升学习品质的方法。

著名的物理学家杨振宁说过：“只要持之以恒，知识丰富了，终能发现其奥秘。”如果孩子坚持阅读，即使刚开始对书中的许多知识不懂，或者不知道怎么去理解，只要经常阅读，每天阅读，也有利于阅读品质的提升。所以，家长培养孩子每天进行一些课外阅读，是一种非常有效的提升阅读品质的方法。

想办法读懂一本书

读书最怕什么？最怕心态浮躁。心态浮躁的孩子难以踏踏实实看懂一本书，看了几页觉得书里讲的自己都明白就撂手，或者粗略看一下没有看懂，认为书不好、没意思，就扔下不看了。结果呢，家里虽然摆着很多书，却没有读懂过一本。

对孩子来讲，不读书，就仿佛在成长的路上缺少了一位最智慧、最体贴、最有学问的好老师，在这个多元价值取向的生活环境下，缺少了这位博学的智者的指点，孩子的未来就充满了更多的未知。

要想孩子具有坚持读完、读懂一本书的耐性，家长首先要改变孩子浮躁的心态，让孩子的一颗心踏实下来，认真地面对眼前的书籍。

1.如何对待读不懂的书

读书的时候，出现读不懂的情况很正常。当遇到不能轻松读懂某本书的时候，家长要帮助孩子分析一下，是因为这本书知识结构的限制导致孩子不能读懂，还是语言比较深奥难以理解。如果是由于知识结构的限制，那么家长就可以指导孩子先放弃，告诉孩子："这本书不适合现在的你阅读，等你学了更多知识后，就可以阅读了。"

如果一本书只是由于语言难以理解，家长要鼓励孩子不要放弃，可以教孩子通过查阅参考书、字典、读关于书籍相关背景的书、看一些介绍讨论该书籍的文章等的方式坚持把这本书读完。

除了以上方法，下面这位妈妈的做法也很好。

军军读小学三年级，妈妈要培养他阅读的习惯，就给他买回了一些课外书，什么《小王子》《安徒生童话》《鲁滨孙漂流记》《笑猫日记》等，都是被热推的书。军军翻开一本书，看到满篇的文字，有点犯难，放下了，接着又翻开另一本，看了几页又放下了。儿子兴致不高，妈妈收起所有的书籍，只留下了一本《小王子》。

妈妈翻开书，和儿子一起阅读。每读完一页，就让儿子讲讲什么意思，遇到不认识的字，妈妈就让儿子查字典。儿子每次讲完，妈妈都会鼓励他："就是这个意思，继续读下去！"妈妈的鼓励淡化了儿子心中的畏难情绪，军军很快被生动的故事情节吸引了。

在这里，军军的妈妈是"撒了谎"的，那就是当军军讲述对读书内容的理解的时候，有的时候很不准确，但妈妈都是给予鼓励。这不是包庇孩子的错误，而是妈妈在保护孩子的阅读积极性，妈妈觉得随着孩子掌握词语的增加，他迟早会有正确的理解。

总之，保护孩子的阅读积极性是最关键的，怎么理解不是很关键，因为读过的书，孩子还有机会读第二次的。

2.如何对待能读懂的书

“开卷有益”，这句话告诉人们，既然是精心挑选的书，读下去一定会有所收获。当孩子不懂得这个道理时，会出现一些浮躁的行为。比如，不爱读书，不认为读书是对自己有帮助的事情，藐视书里所讲的内容，等等。

家长要明白，这样的孩子，即使满嘴的时髦语言，内心也可能非常肤浅，要改变他最好的办法就是让孩子看到自己的浅薄和无知。有一位家长是这样改变他的孩子的，他把自己孩子的作文拿出来，再找来班上写得最好的作文，让孩子自己看对方的文章好在哪里。家长还从对方作文里选取一些句子、典故，问孩子是什么意思。孩子一时答不上来，家长就告诉孩子：“他能写出这样高水平的作文，不是因为他聪明，而是他读了更多的书！”从那以后，孩子就开始认真读书了。

给小学生选什么书

繁荣的文化市场给读者带来了知识享受，却让妈妈们犯难了！给孩子挑书，当然没有成人那么容易，挑什么书合适呢？家长要掌握一个原则，书的品质要高，能给孩子提供精神营养，在这个基础上，考虑到孩子是这个阅读活动的主体，孩子喜欢看，书买得才有价值。

那么，家长应该如何指导并尊重孩子的选择呢？

1.课本上列举出来的书

有的时候，与孩子所读课本比较贴近的文章更能得到孩子的喜欢，也有利于孩子的心理和智力水平发展，接受起来比较容易。所以，家长在帮助孩子挑选课外阅读书籍的时候，可以教孩子巧妙地与课本联系起来。

课本上推荐的书，是教育专家推荐的，大部分是与课本联系紧密的，甚至课本的课文就是节选于其中，这类书可以作为孩子课外阅读的首选书。读这类书，有利于孩子对课文的理解，反过来，与课文紧密相连的有用性又激励着孩子读书的热情。

除了课本上明确列举出来的书外，家长还可以针对课本上安排的文章的作者，去寻找他们的书看，书看多了，脑子储存的内容就多了。还可以根据某一篇文章，选择同类文章去读。另外，孩子可以向老师请教看些什么相关的书好。

但是不管选择哪类书，都要去新华书店选择正版的、正规出版社出版的，这样的书在文字编校方面更权威、严肃、认真。那些缩写过的版本，有可能为了节约成本，只把故事情节简要地描述出来，原著中优美的文笔、人物内心细腻的情感变化、全书营造的整体氛围等都被粗粗略去，而且缩写本大多是一些不具备一定文字能力的写手代笔而成，文字功底差，大大削弱了书籍的阅读价值。

2.知识百科

《十万个为什么》《地球的奥秘》《百科全书》《发现星空》等知识百科类的书籍，不但形象生动地向孩子展现了一个奇妙的世界，而且能激发孩子的好奇心和求知欲，使孩子有学习的欲望。

知识百科类的书很多，涉及地理、历史、生物、考古、地质等多个领域，具体看哪一类，要看孩子的兴趣。家长可以指导孩子通过网络登录一些网站自己搜索这类书籍，然后根据网络介绍选择自己喜欢的那一类。

当然，家长也可以和孩子一起去新华书店查找，家长不要嫌麻烦，要知道孩子在查找、收集、阅读、辨别、思考、选择的过程中，已经获得了许多知识。这不仅锻炼了他的选择、判断、自我认识的能力，同时也激发了他阅读的兴趣。

3.孩子间流行的书

在选择书籍的时候，家长也要听听孩子的意见。在当下这个信息多元化的社会，孩子掌握的信息有时候要多于家长，接触到的书籍也很多。所以，买书的时候，孩子提出购买哪一本书，只要这种书没有误导孩子的不良情节，质量过关，家长就要尊重孩子的意见。

平时，家长要鼓励孩子多多和同学交流读书资讯，真诚地把自己读过的好书推荐出去，虚心记下别的同学读过的书籍，以丰富自己的书库。除了勤于交流，家长还要支持孩子把自己的好书借出去，把别的同学的好书借来读。这样可以大大扩大孩子的阅读范围。

当下，很多家长热衷于给孩子买一些号称教孩子写作文的书，什么优秀作文、分类作文、满分作文等。其实，看这些作文书是不能真正提高孩子的写作水平的，顶多教孩子一些写作的技巧，而真正的好作文是不讲究技巧的，而是靠着从阅读中汲取的广博的知识、巧妙的构思、丰富的语言，自然而然表达出来的，是思想的精华。

经典，不止读一遍

经典，指的是什么？答案是权威性、典范性的著作。在孩子的阅读世界里，经典除了自古流传下来的国内外的名著，还包括当下具有一定的时代特点、具有代表性的书籍。

家长给孩子买书，经典是首选。真正的阅读，也应该是从阅读经典开始的。这是因为很多的经典作品直接关注和思考人类精神生活的重大问题，是经历了时代检验的精品。

经典作品带给孩子的是优质而丰富的信息刺激，能够促进孩子脑部智力的发育，大大提升孩子的阅读能力、理解能力、思维能力等。

面对经典，很多孩子包括家长都产生过看不懂、看不下去的情况。出现这种情况很正常，那些被时间证实的经典作品成书于不同的年代，书的历史背景，书中承接的前人之思想观点，书中引述的别人的材料，都由于历史年代久远或者文化背景的差异，而使没有一定文学基础的人阅读起来比较费劲，但是因为经典作品材料翔实、内容渊博、思想深刻、逻辑严密，因此只要用心读大部分还是能读懂的。

对于小学生，不能硬逼着他一定要读下去，可以选择那些读得懂的、能够引起他兴趣的著作，一本书也是可以挑选能够读懂的章节来读的。慢慢地，孩子的人文精神熏陶出来了，能够感受到经典作品带给他的享受，就会被强烈地吸引，想方设法去读。

要想让孩子很好地从经典作品中汲取养分，最主要的一点是让孩子读下去，读懂了收获就来了。

1.多读几遍

培根说过："读书时不要只是为了谈话和辩论时引经据典，而是要权衡考虑作者的观点，为我所用。"真正意义上的阅读是一个沉思默想的过程，让书本里的思想在头脑中重新呈现，不管是共鸣还是质疑，思想上都受到了潜移默化的影响，使之吸收或转化成为自己思想的一部分。对孩子来讲，读书一定不是消遣，而是修炼心灵、开发头脑、了解社会的一种方式。

明末清初学者顾炎武很会读书，也很讲究读书方法。他的"三读"读书法即"复读法""抄读法""游戏法"。他给自己规定：每年春秋两季，分别复习冬夏两季所读的书，即半年读书，半年复习，把阅读和复习交叉进行，有效地增强了记忆力。在每次复习时，他面前放一本书，同时请别人也朗读同样一本书，他边听边默记。如果发现自己默记的同朗读的有出入，马上查书，立即纠正，再复读几遍。

多读几遍，感受到了书中的思想、情感，才能生发出自己的思想，不自主地想象和联想到自己曾经的想法，或者摒弃或者评判或者升华，使得自己的思想境界更上一层楼。

2.边听评书边阅读

低年级的孩子往往认不全名著中的字词，而且查字典也的确麻烦。这个时候，家长可以先让孩子通过听的方式接触名著。

老一辈评书艺术家，比如袁阔成、单田芳等，不但声音浑厚、语调平和、吐字清晰，而且语言形象生动、富有文采，情节安排引人入胜，对孩子的语言发展、语文能力的培养都很有好处。

在听评书的过程中培养起了对名著的感情，孩子读名著的时候才不会觉得很陌生，看不明白的地方也因为头脑里听评书的时候已经留下了印记而变得比较容易理解。

3.看影视剧促进阅读

很多名著都有相对应的电视连续剧，或者某个章节片段的电影，平时多让孩子看看跟名著有关的电影、电视剧，有助于孩子熟悉名著。熟悉的东西，自然就不会觉得距离太远，读起来也不会太生疏。

阅读时，多一些创造思维

阅读的最高标准就是实现创造性的阅读，所谓的创造性阅读，就是在读书的过程中“注重个性化的阅读，充分调动自己的生活经验和知识积累，在主动积极的思维和情感活动中，获得独特的感受和体验”。读书的时候，第一遍往往只是初步了解了作者的意思，再读几遍才能生发出自己的看法。

读书的过程，不光是读懂书中的文字，而是要整理自己的思想，这个整理的过程是在所读文字、领会作者所表达意思的基础上生发出来的。思考的时候，有基于书中文字的思考，也有基于作者观点的思考。当然还会有认同，可以是关于写作方法方面的，也可以是关于主题观念方面的。一定还会有质疑，把自己质疑的东西提出来，无论是文字还是口头交流的方式，都是有效的自我提升。

1.引导孩子质疑、提问

大学问家朱熹说过：“读书无疑者，须教其有疑，有疑者却教其无疑，至此方得长进。”我们所提倡的创造性阅读就是为了让孩子从阅读中获得更多的收获，所以，创造性阅读和朱熹所提倡的质疑在理念上是一致的。

所谓质疑，可以是怀疑，也可以是提出疑问。有了质疑，读书才会有更大的收获。质疑，必有思忖；因为思忖，必有发现；有发现，就有创新。

不管内心怎么质疑，如果不把问题提出来，就不会有探索、思考，也不会有获得新知识后的答案。培根说：“疑而能问，已得知识一半。”爱因斯坦说：“提出一个问题往往比解决一个问题更重要。”对于刚开始读书的孩子，他的思想可能比较浅，不容易产生疑问，这个时候家长要做一个投石击水人，来推动孩子思维的波澜向高潮发展。

有一位家长是这样做的。家长和孩子一起读一篇小故事，故事的名字叫作《跑不掉的两只螃蟹》。故事情节是这样的：

渔民出去抓螃蟹的时候，通常会带着一个小竹篓，竹篓是有盖子的。渔民捉到第一只螃蟹放进竹篓里后，就赶紧把盖子盖严，要不，螃蟹一会儿就逃之夭夭了。但是，渔民捉到第二只螃蟹以后，一般就不盖盖子了。

这个时候，竹篓里会上演一场“螃蟹逃跑战”。螃蟹们会争先恐后地往竹篓口部爬，但是不管哪只螃蟹爬到竹篓出口处，都会爬不动，因为它会被其余的螃蟹用大钳子抓住，用力地拽到底部，然后会有另一只螃蟹踩到这只螃蟹的背部，接着往上爬。不过这只后来的螃蟹命运也是一样的糟糕，也被其他的螃蟹拽了回来！

就这样，大家折腾来折腾去，只有互相拉拽的份儿，没有任何一只螃蟹爬得出竹篓。

看完这个故事，家长问孩子：“为什么竹篓里有两只以上的螃蟹，渔民就不盖盖了呢？”“生活中有没有类似的故事？”“我们要不要跟螃蟹学习呢？”“螃蟹们怎么做才能偷偷地从竹篓里爬出来呢？”

如果家长不提出这些问题，孩子可能看完故事就完事了。家长由浅入深地提出这些问题后，孩子被故事刺激产生的兴奋情绪会更加持久，思考得也更深入，慢慢地，自己就能整合头脑里的知识，根据所读文章提出问题，进行深入思考了。

2.在阅读中想象

有句话是这样说的：“一千个读者就有一千个哈姆雷特。”同样一部作品，不同人读过会有不同的感悟和收获。阅读的过程也是一个再创造的过程。想象是创造的源泉，基于书中的故事情节、人物形象、活动场景展开联想，可再现想象和再造想象。

一边阅读文字一边想象画面，赋予人物表情、动作、语言、情感，能促进对原作品的理解。除了上面说的这种再现想象，家长还可以指导孩子在原文故事情节的基础上进行再造想象，可以创造出另一个结果、另一个人物、另一段故事，也能加深对原作品的理解。如果让孩子把创造的新内容记述下来，就是一篇很有创意的阅读笔记，更能拓宽思维。

一些提升阅读效率的方法

孩子的阅读量越大，获取的知识越多，视野就越开阔。可是当下的孩子，时间真的不多，用在阅读上的时间就更少了，为了保证孩子的阅读量，家长就要在提高孩子的阅读效率上动动脑筋了。

1.讲究一些阅读方法

方法决定效率。一本书到手，懂得怎么读的孩子，很快就能进入阅读的状态。所以，家长教孩子读书，先要教孩子几种常用的读书方法。

第一种：三步读书法。

这个读书方法是被很多学者提倡过的，比如元代学者程端礼、近代学者梁启超、现代教育家叶圣陶等。

第一步，概要了解读物的基本内容；第二步，在掌握内容大意的基础上，对重点内容做深入的钻研，达到真正的理解领悟；第三步，将读物内容融会贯通，分析写作的目的、特点等。

第二种：五步读书法。

这是在欧美等国普遍流行的一种方法。

第一步，浏览全书。一本书拿到手后，看看前言、后记、序跋、提要、目录、正文的标题等，先对读物的内容有一个大概的了解。

第二步，提出问题。在浏览的基础上，就书中的重点、难点及有关注释、标题等，提出一些问题，并对这些问题进行一些积极的思考，寻找答案，使读书成为一种有目的的、方向明确的阅读思维活动。

第三步，进入阅读状态。带着问题进行深入的阅读，要采取精读的方式，准确地理解术语、句子的含义，应特别注意重点段落、开头和结尾的关键性文字，并根据需要选做各种类型的读书笔记，以加深理解，增强记忆。

第四步，复述。读完一部分内容后，合上书本，试图复述（回忆）这部分的主要内容，进行学习和记忆效果的自我检查。

第五步，复习。读完书的一章或一部分之后，应当及时小结，回忆所阅读的内容，可以利用逻辑思维或图表把所学知识有机地串联起来，以达到巩固阅读成果的目的。根据遗忘发展先快后慢的规律，阅读两天后应再次复习，隔一定的时间后还要重复复习，形成阅读—复习—再阅读—再复习的滚动学习模式，不断巩固阅读内容，提高阅读效率。

2.合理略读、精读

当然，并不是每一本书都需要从头到尾一点一点地读下来，在拿到书进行浏览的时候，就可以确定这本书是精读还是略读。

如果说这本书各个方面都一般，并非名著，那么就可以大略读读。即使略读的书，因为选择了，也最好要精读这本书的前25页。

如果说这本书是名著，或者当下很火的一本书，可以精读，然后抱着探究学习的态度去认真研读，细细琢磨语句的奥妙之处，慢慢体会作者的思想感情，反复品味作品的艺术魅力。这些作品，其中的思想丰富、感情复杂、意蕴深厚，认真精读，才可以领悟其真谛。有些含义丰富或意味深长的语句、段落，还要反复研读，深入探究，从而大大提升阅读能力。

阅读的时候，最好默读。这样不但能够集中精力，还能节约时间，可以大大提高阅读的质和量。

3.设定具体的读完时间

一本书拿在了手里，确定了要读以后，就要预定多长时间读完。但是，孩子一般都有惰性，而且贪玩，这个时候，家长就要帮助孩子制订每天要阅读的数量。开始阅读后，尽可能地缩短时间，限定的读完时间越短，孩子的精神就越兴奋，注意力就越集中。

家长一定要注意一点，那就是每天规定的任务量不要太小，而且尽可能地具体，具体到看几页才好。这样，目标明确，孩子阅读的积极性会很高。

第7章

讲究记忆方法习惯——让记忆变轻松

很多孩子在记忆知识的时候，只会用重复加背诵的方式，靠着一遍一遍的重复达到记住的目的，这样，记忆就成了一份考验意志力的苦差事，会耗掉孩子很多时间，大大增加了孩子的疲乏感。其实，记忆这项智力活动，如果讲究方法，完全可以在轻松状态下进行。

讨论起来，记忆深刻

孔子“有弟子三千，其中精通六艺者七十二人”，他善于运用启发、讨论的方式教学，激发求学者强烈的主体精神和求学要求，在质疑与接纳中，使得这种智力活动达到一个非常高的水平，学生的理解力、思考力、记忆力都比平时提高很多。

著名文学家萧伯纳说过：“如果你有一个苹果，我有一个苹果，彼此交换，那么每人只有一个苹果；如果你有一种思想，我有一种思想，彼此交换，我们每个人都有两种思想，甚至多于两种思想。”

针对某个主题集体讨论，讨论的过程既是交流思想、互相启发的创造性思考的过程，也是获取知识、增长知识的过程。

第一次世界大战后，法国出现了一个“布尔巴基集团”，集团成员都是一些志同道合且学历不是很高的年轻人，他们每天在一起读书、讨论学问。因为每个人内心都充满了对知识的渴望，所以不但读书刻苦，就是交流起对一些问题的看法来也很激烈，每次一定要争辩个答案出来不可，而且不经反复争辩的文章绝对不拿出去发表。就这样，在1939年，这些年轻人出版了著名的《数学原本》。

讨论不但能够弥补个人的不足，而且能够大大提升记忆效果。这是因为，讨论使一个人既表现出自己哪方面知识比较出色，也暴露出哪方面知识比较贫乏。长处和短处都获得了毫无保留的展现，在讨论中，自己的长处弥补了别人的短处，自己的短处获得了别人的长处的弥补，真正地实现了与别人共同进步。

按照心理学、生理学的观点，争论时，当记忆里的材料或讲述的观点被大家承认、接受，甚至赞许时，心里会有一种欣慰感、快乐感，大脑会兴奋起来，记忆力增强，更有效地记住已掌握的知识；当自己记忆的材料或讲述的观点被人反对时，会感到“吃惊”，当别人记住的或说出来的很正确，便会有所悟，茅塞顿开，这“吃惊”“顿开”就成为新异刺激，促使大脑兴奋，记忆力增强，有效地记住它。

家长指导孩子运用讨论记忆法，要注意以下几个问题。

1.先要自行理解、记忆

在讨论中要亮出自己的观点，就要“肚子里有货”，要不拿什么与别人的观点进行碰撞，又怎么去判断别人观点的正误呢？如果自己没有充分的准备，讨论的时候由于信心不足，竞争的心态和士气先就低落了下去，怎么能敞开思路，酣畅淋漓地表达自己的观点呢？所以，在预先确定讨论的时间之前，家长就要指导孩子把要讨论的内容认认真真看懂并记住。

2.拟定讨论方式

应该如何讨论？这也是要在讨论之前预先确定好了的，不然的话到时可能出现冷场的局面。比较常见的讨论方式有：逐一发言后一起评论法：逐一背诵纠正谬误法；逐一提问回答法。不管哪种方式，都要做到到场的每一个人都有发言的机会。

3.争辩不是口水战

讨论的目的是促进大家对知识的理解、记忆，但小学生容易争强好胜，讨论着就可能争辩起来。所以，一定要懂得，不管彼此争辩得多么激烈，都是在讨论知识、促进记忆，而不是一场谁把谁打赢了的口水战。只有每个讨论的成员明白了这个道理，才能保证不偏离讨论的主题，让大家尽可能地发挥出自己的水平。当遇到实在解决不了的问题时，可以求助老师来裁断。

多展开联想

联想，就是当人脑接受某一刺激时，浮现出与该刺激有关的事物形象的心理过程。一般来说，互相接近的事物、相反的事物、相似的事物之间容易产生联想。用联想来增强记忆是一种很常用的方法。美国著名的记忆术专家哈利·洛雷因说过："记忆的基本法则是把新的信息联想于已知事物。"

举个简单的例子，学习中国地图时，如果家长指导孩子想象一下中国地图的形象更像什么，当然是一只引吭高歌的公鸡，孩子就能记住了。孩子从公鸡的形象延伸到中国地图，对于中国地图的记忆就容易了。

这就是联系，把需要记忆的各种东西与新的、旧的、已知的、未知的联系在一起，形成“记忆链”，记忆链可长可短，达到记忆的目的就可以了。

利用联想帮助记忆的方法很多，常见的有如下几种。

1.故事联想法

如果要记忆的内容比较复杂，家长可以指导孩子把要记忆的内容编成故事，这样记忆起来就容易很多。

比如，孩子学习了《揠苗助长》这篇课文，可是怎么也记不住。这个时候，家长可以指导孩子根据熟悉的经历编个故事：“10岁的时候，我和妈妈去郊外，看到老农在拔苗！”

2.口诀联想法

把枯燥的知识编成顺口溜，利用谐音变换成容易理解的句子，就容易记忆了。比如，记忆几个国家，俄罗斯、德国、法国、美国、日本、加拿大、意大利及英国，可以编成一个句子“俄德法美日加意英”。对着这几个字联想，可以想到“饿的话每日加一鹰”——“俄德法美日加意英”，这样，句子有了意境记忆起来就容易了。当然，联想出来的句子不能深究语法和准确性，只要朗朗上口，能够联想出画面，就可以了。

编口诀的时候，要注意以下两点：

第一，语音和谐，节奏鲜明，顿挫有致，朗朗上口，容易引起人们的兴趣和注意。

第二，语言精练，句式整齐，化烦冗为简短，变凌乱为有序，这样，既便于存储，又利于检索。

3.接近联想法

接近联想法是最常用，也是最实用的帮助记忆、回忆的方法。只要两种或者两种以上的事物，在时间、空间、逻辑上，有着某种联系，就可以借助其中的一种去记忆另一种，只要记得其中的一种就容易回忆起另一种。

举个简单的例子，孩子记忆词语的时候，“尴尬”这个词怎么也记不住。这个时候，妈妈就对孩子说了一句话：“妈妈昨天忘带一卡通了，上车才发现，很尴尬啊！”当孩子写作文，想用一个词表达自己处于两难境地不知如何处理的状态，自己明明知道有这个词，可是却想不起来。这个时候孩子就可以回忆学习这个词的时候发生的事情，通过回想妈妈说的那句话，很快就能想起是“尴尬”这个词。

4.相似联想法

当一种事物和另一种事物相类似时，往往会从这一事物引起对另一事物的联想。把记忆的材料与自己体验过的事物联系起来，记忆效果就好。

在英语单词里，有发音相似的，有意义相似的，这些都可以利用相似联想法来帮助记忆。比如，two、too、to，hear、here，bike、bicycle等。形似字、近义词、同义词等放在一起，容易找到它们之间的内在联系、不同之处，进行相似联想，降低了记忆的难度，比较容易记忆。

背诵诗句、课文，记忆公式、概念的时候，也可以把相似的、相近的集中在一起背诵，找到相似点、不同之处，记忆起来就会轻松，使用的时候只要回忆起其中的某一个，就能想起其他的。

5.对比联想法

当看到、听到或回忆起某一事物时，往往会想起和它相对的事物。例如：black（黑）与white（白）、superior（上等的）与inferior（下等的）词义相反，把它们放在一起，利用对比联想，由一词引起对它的反义词的回忆。

制作一些记忆卡片

卡片在学习上的用途可以说是太广泛了。单说在记忆方面吧，可以帮助记忆单词、记忆词语、记忆公式、记忆概念，还可记忆错题，等等。卡片记忆的形式也非常广泛，制作好了卡片后，可以利用卡片玩游戏、考考自己，形式轻松而活泼，大大提高了孩子的学习兴趣。

为了让孩子在学习中充分利用学习卡片，家长有必要教孩子制作、使用卡片进行记忆。

1.卡片的制作与使用方法

学习讲究的是效率，作为学习环节之一的卡片制作，当然是越简单越好。为了省时间，家长可以带着孩子直接使用文具店出售的文摘卡片。卡片怎么使用，可以根据记忆内容来定。

举个例子，如果是记忆单词，可以在卡片上面写上单词，背面写上词义，两面所用笔的颜色可以相同也可以不同；如果是记忆词组，可以在一面写上词组，在另一面写上释义。这样做，有利于通过英译汉、汉译英、解释词组等形式来自我检验记忆情况。

闲暇的时候，家长可拿着孩子的卡片，从中抽取几道题目来考考孩子。这样做，不但加深了孩子的记忆，也检验了孩子的记忆效果，还帮助家长了解了孩子的学习情况。

家长还可以指导孩子和同学一起，用卡片互相检验学习情况。比如，如果有几个同学一起学习，可以把卡片放在桌子上，每人一次拿一张，如果说对了，记1分；说错了，扣1分，并逐人评分。

2.卡片的保存方法

大脑有记忆的功能，也有遗忘的功能。我们可以利用卡片来帮助记忆，也可以利用卡片来对抗遗忘。对抗遗忘的方法很简单，就是把使用过的卡片按照学习的顺序集中起来，每隔一段时间就复习复习。

当然，复习的过程不是单纯地记忆卡片上原有的知识，还是一个把新知识补充上去的过程，可以是同类的，也可以是变异的，使孩子对知识的学习更系统化。

3.记忆易混淆的知识

孩子感到头疼的知识点、难记而又常用的单词、容易混淆的单词，这些内容都可以制成小卡片，多看几次，实现过度记忆，就不容易遗忘了。

4.记忆基本概念类

在学习的过程中，基本概念、基本公式、基本定理、基本数量关系等非常重要，是学习其他知识、进行实践应用的基础，但是这些知识又容易遗忘和混淆，家长指导孩子把这些知识写在卡片上，经常性地复习复习，就不容易遗忘了。

形象记忆法

美国一个著名的图论学者哈拉里说过：“千言万语不及一张图。”我们在平常生活中，也常常会听到“百闻不如一见”的说法。为什么人脑对图片比对语言、文字记忆效果更好呢？因为图像记忆用的是右脑，右脑记忆比左脑记忆快速而持久。

从另一方面来讲，人的认知发展是从依靠感知器官发展起来的，而感知正是从直观形象开始的。实物形象的记忆是最原始的记忆，而对抽象概念、系统知识的记忆则需要有一定的知识结构做基础。

17世纪捷克教育家夸美纽斯说过：“凡是需要知道的事物，都要通过事物本身来进行教学；那就是说，应该尽可能地把事物本身或代替它的图像放在面前，让学生去看看、摸摸、听听、闻闻。”这虽然针对的是教师讲课的方式说的，但也从另一个角度反映了把知识形象化以后更便于记忆的道理。

把知识形象化以后再记忆，是一个无限联想的过程，除了提升记忆的效果外，也促进了孩子的思维发展，可以说，对孩子的知识发展起着多方面的促进作用。那么如何提升孩子形象记忆的能力，以及如何在学习中多运用形象记忆法呢？家长可以从以下几方面辅导孩子。

1.丰富孩子头脑中的表象

孩子的日常生活越是丰富多彩，大脑里越是拥有了丰富的表象，记忆的时候把枯燥的知识形象化的能力越强。所以，平时家长除了多带孩子接触外界事物外，还要注意提升孩子的观察力。

在观察事物的时候，指导孩子充分利用眼、耳、口、鼻、舌，这样大脑获得了足够多的信息，才能作出准确的判断，脑海里的直观形象也会越来越清楚、准确。亲眼看一只动物，亲手做一件标本，亲耳听一首歌曲，亲口尝一个水果，亲身到一处风景区游览，留下的印象要比听别人讲的鲜明得多，要比从书本上看的生动得多，更利于把这些形象储存于大脑中，使得大脑储存的表象更丰富。

2.掌握一些形象化记忆的方法

形象化记忆的方法有很多，比较常见的有如下几种。

第一种，在记忆的过程中借助模型、图像、照片、录像、电影、电视、幻灯片等，通过对里面事物的具体观察，获得感性的认识，来帮助理解需要记忆的知识。比如，孩子学习了海豚这种动物，家长可以通过带孩子去海洋馆看表演、观看电视上有关海豚的纪录片的形式让孩子直观感知海豚的生活，记忆起来就容易了。

第二种，在记忆的过程中，把要记忆的知识在头脑中形象化。比如，我们背诵一首古诗，感觉很难记的时候，可以把古诗的内容在脑子里幻化成画面，这样，记忆起来就容易了。

第三种，在记忆的过程中，实地操作一下，加深理解后记忆得更牢固。比如，学习了斤、两、克、千克等度量单位后，可以和孩子一起运用天平实际称称物品，让孩子感知一下每种度量单位的大小，脑子里有了每个度量单位等同于多少东西的概念，记忆也就轻松了。

先理解，后记忆

上学后的孩子需要记忆的知识很多，就连一些名词，比如三角形、圆柱、音标、词语等，都是需要记忆的，记不住这些基础知识，以后的学习就无法顺利进行。而这些词语，看似简单，如果孩子没有理解是什么意思，即使记住了也不能正确使用。一般情况下的记忆之道就是先理解后记忆。

从记忆的效率上来讲，理解后的知识记忆得更快。这个结论很早就被德国著名心理学家艾宾浩斯通过实验验证过了。实验结论是这样的：为了记住12个无意义音节，平均需要重复5次；为了记住36个无意义音节，平均需要重复54次；而记忆六首诗中的480个音节，平均只需要重复8次！

心理学的研究也早已表明：意义记忆要比机械记忆在全面性、速度、精确性和牢固性方面有更大的优势。所以，面对记忆对象，逐字逐句地去记忆不是一个好方法。

我们知道了死记硬背不利于记忆，那么就要让孩子明白学习的时候要“先理解，后记忆”，然后教孩子在记忆知识之前的一些高效理解的方法。因为能否快速地理解所学知识，也是影响记忆效率的重要方面。

1.明确理解对象

理解一段内容的最基本条件就是明确要理解的对象，这样才能做到全面地去理解。我们都知道在学习中养成了断章取义、望文生义、穿凿附会的习惯，导致学习态度不端正，糊弄、马虎是学不到真正的知识的。

所以，家长要教孩子一个字一个字地把要理解的内容读明白，摸清其间的逻辑和道理，如果是定理、概念，先弄清其外延和内涵；如果是历史、故事的节选，就要把历史背景、故事的梗概弄清楚，做到正确地理解，然后再记忆。

2.进行深度理解

面对一段文字，除了弄懂字面的意义外，还要教孩子理解这块知识与前面学过的知识有什么关系，以及待记忆的内容各部分之间的逻辑联系。这个过程既要借助已有的知识结构，也要把新知识纳入已有的知识结构中，就容易保持记忆了。

比如，孩子学习等腰三角形和等边三角形。记忆等腰三角形的概念时，就要先理解“有两边相等的三角形是等腰三角形”这个概念。理解这个概念的时候，就会想到内角和是180°，两个角是相等的，哪个是顶角，哪个是底角，然后再想到三条边都相等的情况。

所以说，理解的过程其实也是对记忆材料进行深加工的工程，是一个知识系统化、外延化的工程。

科学概念、范畴、定理、法则和规律，这类材料更需要借助已经学过的知识和经验，先理解其基本含义，然后才能综合分析，把握材料各部分的特点和内在的逻辑联系。所以说，理解的过程也是一个检验基础知识功底的过程，越是基础扎实、热爱学习的孩子，这个过程进行得越顺利，基础差、学习态度又不端正的孩子就大大相反了。

重复记忆法

重复记忆法，就是把所记忆的内容连续重复或间隔一定时间后再重复学习一次，经过多次重复，实现永久记忆的方法。重复刺激法通过重复刺激或强化刺激强度，使得短时记忆痕迹加深，从而延长信息的储存时间。

明代学者张溥的“七焚”读书法强调读写并用，强调“眼到、手到、心到”。他的读书法分为三步：第一步，每读一篇新文章，都工工整整地将它抄在纸上，一边抄一边在心里默读。第二步，抄完后高声朗读一遍。第三步，朗读后将抄写的文章立即投进火炉里烧掉。烧完之后，再重新抄写，再朗读，再烧掉。这样反复地进行七八次，一篇文章要读十几遍，直至彻底理解、背熟为止。

重复刺激就是我们在前面章节中所提到的复习。之所以在记忆这个章节里还要提一次，就是为了增强家长和孩子的信心，使得家长明白只要有效而科学地重复要记忆的内容，孩子一定能记住所学知识，正所谓“勤能补拙”。

1.重点内容多重复

当面对要记忆的知识的时候，个体在学习较复杂的材料时，首先有意识地通过综合分析找出材料的重点，然后先记住重点并以此为中心，再逐渐扩大范围最终记住全部材料的学习方法。一般来说，个体在学习某一材料时，不可能不分主次地一下把全部内容都记住，要先记住重点，然后再逐渐扩大范围。这是一种经济的记忆方法。在学习中抓住重点，“提纲挈领”，可使记忆时省力，思路清晰。在回忆和提取时也会因思路的清晰而准确和省力。

2.变换一下重复方式

徐特立有一段治学名言：“买书不如借书，读书不如抄书，全抄不如摘抄。”我国古代也有“手抄一遍，胜读十遍”的说法。抄写除了能够增强记忆外，最为重要的一点就是在一边写一边想的过程中能够对所学知识进行更深入的理解。

我们知道，考试是要经过笔试的。如果在记忆的过程中，只是通过背诵来进行，而不动笔，那么很容易出现不会写字的情况，也就是不能够用笔在试卷上表达。出现这种情况，当然得不了高分。如果在平时记忆的时候，结合用笔抄写或者默写，既能提高书写能力，又使记忆更牢固。

运用抄写法记忆的时候，要注意以下几点。

第一，就是对背诵内容达到了理解的程度时，能够断断续续背下来，可以进行一次对全部内容的抄写。这次抄写最好一边背诵一边写。背诵的时候是默背，而写的时候就是对照着书本写。

第二，局部抄写。就是在背诵的时候，对关键句子、重点语句、很难背诵的字句进行一下抄写。比如：概念、定理、重要观点、准确数据、新名词等。如果是默写，写完后一定要对照着书本确认一下，这样才能保证背诵内容准确无误。

第三，全部内容的默写。如果觉得全部内容已经记住了，家长可以提示孩子把书本合上，默默地写一遍。运用抄写记忆法的一个关键问题就是必须动脑思考，一边抄写一边玩味，一边抄写一边理解。写完后，打开书本对照一遍，找出写错的地方重点记忆一下，记忆得就会更准确、更牢固。

巧用浓缩记忆法

浓缩记忆法，顾名思义，就是把较多的文字缩减掉一部分，对剩下较少的文字来记忆，记住后，又能根据较少的文字还原成原文。这种记忆方法的优势在于增加了大脑对知识信息的容量，使得学习变轻松，降低了学习负担。

但是，操作起来需要孩子具有一定的语言概括能力，把一段文字的枝枝叶叶暂时削减，剩下主干，重点记住后，再复原。

浓缩记忆法，可以用在以下几个方面。

1.考前系统复习

考前系统复习的时候，可以用浓缩记忆法检查自己对知识的掌握情况。会学习的孩子，一本书从开始学到最后，已经做出了一个系统的知识结构图，这个就是全书的浓缩，复习的时候拿来用就可以了。

因为在学习过程中，每一块知识都经历了几次复习，所以，这个系统知识结构图应该是烂熟于心了。即使没有做到这一点，只要再下功夫复习复习，也就记得比较牢固了。闭上眼睛，随意想起哪一个知识点，都能迅速回忆起全部内容，说明复习效果不错。如果有回忆不起来的，重点弥补一下，就能补上了。

2.大段落的记忆

关于要记忆的大段内容，如果实在不好记，就可以根据材料主干，将其内容的精华和核心进行高度压缩或分解，用最简单、最本质、最概括的文字表达出来。

比如，课本上要求背诵《草原》里面的一段。

这次，我看到了草原。那里的天比别处的更可爱，空气是那么新鲜，天空是那么明朗，使我总想高歌一曲，表示我满心的愉快。在天底下，一碧千里，而并不茫茫。四面都有小丘，平地是绿的，小丘也是绿的，羊群一会儿上了小丘，一会儿又下来，走在哪里都像给无边的绿毯绣上了白色的大花。那些小丘的线条是那么柔美，就像只用绿色渲染，不用墨线勾勒的中国画那样，到处翠色欲留，轻轻流入云际。这种境界，既使人惊叹，又叫人舒服，既愿久立四望，又想坐下低吟一首奇丽的小诗。在这境界里，连骏马和大牛都有时候静立不动，好像回味着草原的无限乐趣。

如果背诵起来比较困难，可以把这一段简化成“天、小丘、人、骏马和大牛”。这样记忆的好处是在需要回忆这段内容时，只要酌情把“天、小丘、人、骏马和大牛”扩充开来，“添枝加叶”就可以了。

3.浓缩字头

字头浓缩法就是将每句话、短语或词的字头提出并按顺序串联起来进行记忆。字头浓缩法在记忆中形成知识结构的整体缩影，在语文学习中，遇到文字比较生涩的古诗，背诵的时候可以用这个方法。

比如，背诵《绝句》：“两个黄鹂鸣翠柳，一行白鹭上青天。窗含西岭千秋雪，门泊东吴万里船。”可以缩减成“两窗一门”，就容易记忆了。

4.编口诀

口诀浓缩法是以整齐押韵的句式概括出所要记忆的内容，形式上近于顺口溜，内容上极其概括，然后实行强化记忆。应用时根据口诀进行联想展开，达到准确全面记忆的目的。有一首记忆中国朝代顺序的《中国朝代歌》:“尧舜禹夏汤商周，春秋战国乱悠悠。秦汉三国晋统一，南朝北朝是对头。隋唐五代又十国，宋元明清帝王休。”短短六句，便将上起先秦下到清代的几千年历程交代得清清楚楚。

做心理上的除法

很多孩子没有完成记忆的作业，不是脑子笨，也不是不懂得记忆的方法，而是因为觉得要记忆的任务太多了，心理压力太大而导致记忆效率不高，甚至半途而废。

在心理学上，有一种目标分解法，心理学家称之为“心理除法”。“心理除法”就是把大任务分成几个小任务。把总目标分解成若干层次的小目标，叫作目标分解法。它可以分散人对总目标的注意，而着眼于一个个容易达成的小目标，从而减轻心理压力，增强实现目标的信心，提高活动的效率。

“心理除法”的作用有多大，看看下面这个故事，心里就有数了。

著名的马拉松冠军山本田一这样描述他以智慧取胜的比赛过程：每次比赛前，我都会乘车查看比赛路线，沿途画下明显的标志。比如第一个标志是银行；第二个标志是一棵树；第三个标志是一座红房子……一直画到赛程终点。比赛一开始，就以百米速度奋力向第一个目标冲去，等到达第一个目标后，又以同样速度向第二个目标冲去。40多公里的赛程就被分解成几个小目标轻松地跑完了。起初，他把目标定在40多公里外的终点线上，结果跑到十几公里时就疲惫不堪了。

这种分解方法不但从心理上减轻了目标任务带来的压力，而且因为不断地实现一个又一个小目标而提升了孩子的自信心、满足感，使得孩子轻松、快乐地去实现目标。

1.把记忆任务分成几个部分

家长可以指导孩子把要记忆的任务分成几个部分，一部分一部分地去完成，孩子就不会觉得任务重了。家长要提示孩子，划分部分的时候，要按照逻辑上的联系来划分，这样孩子理解、记忆起来会轻松一些。

2.把记住的内容淘汰掉

面对记忆任务，家长指导孩子先一项一项地罗列出来，清楚地写在纸上，在记忆的时候，每记住一部分内容，就用铅笔轻轻画掉，表示这部分已经记住了，然后就接着往下记忆。在孩子看来需要记忆的内容越来越少，心里也会滋生一种完成任务的满足感，不会滋生急躁的情绪，就有条不紊地去记忆，能够保证记忆效率。

3.给作业项目标号

放学后，一天的记忆作业可能有几项，比如，记忆生字、数学题、背诵单词等，这么多的内容胡乱地组成一个大大的任务，完成的过程会很急躁或者沉重。如果我们教孩子给任务编号，从1开始，逐个完成，看着内容越来越少，孩子的心情会轻松很多。

第8章

博爱各科习惯

——防止偏科的好习惯

大部分偏科，是在不知不觉中开始的，比如，厌倦某个老师不愿意听课、觉得某科不重要、认为自己学不好某科等，孩子自己很难察觉。父母脑子里要有根弦，提早预防、纠正，到了中学阶段才不会为偏科所累。

深度认识偏科的危害性

在某育儿论坛上看到一项调查：“作为家长，对孩子偏科的态度是什么？”有20.93%的家长选择了“完全不能接受，孩子必须全面发展”，58.14%的家长选择“一定程度上可以接受，甚至一定条件下鼓励偏科”。剩下的家长则选择了“凭孩子自由发展，喜爱的学科就鼓励，不喜爱的学科能够及格就好”。

从这个调查结果可以看出，一些家长无意中或者在不正确的教育理念指导下做了孩子偏科的“元凶”。从长远发展来看，孩子偏科，特别是有了弱势学科，不但影响总成绩，还会拖累强科的学习。

当孩子不知不觉中发生了偏科，就要严肃对待了。偏科涉及以下问题：优势科目、弱势科目、总成绩如何。最常见的一种情况，也是最能引起家长关注的情况就是，孩子总体来说学习成绩不错，就是有一门课程不理想，俗称“瘸腿”。身体上的“瘸腿”因为两脚不能有力配合，难以走远。那么，学习上有了“瘸腿”科目，会怎么样呢？那会让孩子产生很大的心理压力，从而影响智力发展，如果处理不当，整个人生都可能因此受累。

有了弱科不是好现象，但是家长也不要因为孩子有一门“瘸腿”课程就觉得孩子与成才无望了，学习无药可救了。孩子存在弱科只是一个阶段学习状况的反映，不代表孩子永远都不可改变了。

其实，偏科也从另一方面显示了孩子的优势，比如，孩子有强项、孩子有自己的兴趣点，这些个性的东西，发展好了都可以成为孩子未来走上社会的起点。以此来激发孩子，孩子学习起来更有动力。但是，即便这样，我们也不能任孩子偏科，要改变孩子的偏科，家长先要让孩子看清偏科的危害。

1.偏科，不利于长远发展

木桶原理的具体内容是：“一个用木板做的木桶，若有一块木板短于其他木板，那么这个桶只能容纳到短木板上沿的这部分体积。”用这个木桶上的短板对木桶容积的影响来比喻“瘸腿”科目对总成绩的拖累再恰当不过了。

特别是在面对高考的挑战时，虽然不是只有考大学才能成才，但考大学是大多数孩子将要走的一条路。为了获得更好的、更适合自己的教育资源，孩子要用分去竞争。所以，家长有必要告诉孩子，中小学教育是基础教育，只有学好各门课程，才能在未来的学习中稳步发展，不至于因为哪一科成绩不好而影响了总分，与好的大学失之交臂。

对于那些有一定天赋的孩子，家长更要告诉他们：“如果不把弱势科目提高上去，会导致优势科目得不到很好的发展，是一件非常令人惋惜的事情。”

2.偏科，影响其他科目的学习

家长要让孩子懂得，各门课程的学习在培养个人能力和发展智力的过程中具有不同的作用，不能互相代替。举个例子，语文和英语是学习其他学科的工具和基础，没有语文和英语等语言基础，就无从学习其他各科知识，更难以表达自己的思想。

当然，其他各科，又各用各的价值。缺少了任何一门课程的学习，都不可能形成完整的知识结构，会影响孩子全面、协调地发展。如果把时间和精力都投入到自己感兴趣的功课上，而将其他学科抛在一边，会妨碍孩子知识的构建，不利于其学习的进步和长远发展。

3.偏科，不利于未来就业

当今社会，具有某项特长的人才很抢手。但是这里的有特长不是指一个人的其他方面都不行，只有一项特长，而是说人们比较推崇“十”字型人才。所谓的“十”字型人才是指高层次的自然科学人才也应具有较高的人文社会科学素养，而高层次的人文社会科学人才还应具有较高的自然科学素养。他们既是各科全面发展，也有自己拔尖的强项。这样的人才会有大发展，能干大事，才会抢手。

要想成为名副其实的“十”字型人才，就要从上学的时候起，学好各科，并努力挖掘、发展自己的优势科目。小学阶段，除了语文、数学课外，还有体育、音乐、美术、手工、劳动技能等科目，这些科目孩子都要用心学，特别是语文、数学这两门基础学科，一定不能偏科。而体育、音乐、美术、手工、劳动技能等，都对孩子的智力、性格发展有一定的作用，也不可荒废。当然了，如果孩子对某一科表现出特别的擅长，家长可以重点培养，这又另当别论。

不给弱科发生的机会

我们经常说的偏科指的是在学习过程中，某一门或者几门功课成绩特别好或一般，同时剩下的功课成绩特别差或较差，这种情况可以称为“偏科”。

学习成绩是一段时间学习水平的反映，当孩子不擅长或者不喜欢某一科的时候，就是偏科的前兆，及早发现，去查找原因，就能避免出现弱科。偏科如同疾病，防比治更重要，早治比晚治要容易。家长怎么做才能预防孩子出现弱科现象呢?

1.不要误导了孩子

有这样一个孩子，平时非常喜欢历史故事、历史典故、历史电视剧，上学后，有了历史课，他的历史成绩一直是班里的第一名。有一次班级测验，这个孩子历史考了98分，数学考了75分，妈妈当即流露出了不满情绪，对孩子说：“历史考这么多分有什么用呢？要是数学考这么多分就好了！”孩子听了妈妈的话后，从心理上就与历史有了隔阂，慢慢地，历史成绩也平平了。

孩子是很在意家长的态度和看法的，所以，家长的好恶对孩子的影响很大。如果上面那位妈妈这样对孩子说："恭喜你，孩子，你的历史成绩这么好！如果你学习数学的时候像学习历史一样用心、努力，那么，你的数学成绩也能考90多分啊！"

妈妈这样指引，不但能因为肯定了孩子的优势科目而进一步促进孩子学好优势科目，而且也鼓励了孩子对弱势科目学习，让孩子有信心把弱势科目赶上去。

当下，有很多"怪才""奇才"非常被社会关注，即便家长想让孩子走这条成才之路，在扬长的同时也不能避短，因为小学阶段孩子学的是基础课程，哪一科都不能荒废。更为重要的一点是，小学阶段孩子表现出来的某方面的优势，不一定是孩子真正的特长，随着孩子心智的发展，孩子真正的"热爱点""擅长点""特长点"才会显现出来。

还有一点，那就是即便孩子在某一科目上成绩比较差，也不能说明孩子不擅长这一科，很可能是学习方法、学习习惯等方面的因素造成的，主动调节精力的投入和改进学习方法就能改观。

2.培养学习兴趣

有偏科倾向的孩子，家长最担心的是较弱的科目，对孩子总成绩影响最大的也是较弱的科目。其实，在弱科形成以前，是有一些苗头出现的。最为显著的一点就是孩子对这一科没有兴趣了。

在学习上，孩子的注意力最容易偏向于感兴趣、经常获得成功的科目，精力分配、学习效果的失衡就在不经意间产生了，继续发展下去就会导致强的科目更强、弱的科目更弱。

所以，当孩子有一点点将要发生偏科的苗头的时候，家长就要想办法培养孩子对这一科的兴趣。举个例子，孩子学习数学时表现出了一点厌倦情绪，而且成绩也不理想。这个时候，家长就要告诉孩子数学是研究现实世界中数量关系和空间形式的科学。今日，数学被使用在世界上不同的领域中，包括科学、工程、医学和经济学等。数学学不好，其他的科目都不可能达到顶点。平时，多引导孩子在现实生活中应用数学，给孩子讲一些数学家的奇闻逸事和对世界的贡献，等等。

当孩子对某一科产生兴趣后，就会重视这一科目，从而在心理上消除对这一科的厌恶感和抵触感，就肯花费精力去学习了。

3.帮孩子解决学习困难

导致孩子偏科的往往是非智力因素，比如，孩子在某科上遇到了困难，便觉得自己不擅长这一科；贪玩导致某一科成绩差；某种原因不喜欢任课老师，牵连到学习过程中导致该科成绩不好；等等。

当孩子在学习上遇到困难的时候，家长要及时地给予关注和帮助，这有利于孩子克服困难。比如，对于自信心不强的孩子，家长在帮助孩子解决了知识上的难题后，还要做一些提升孩子自信心的功课，让孩子多多品尝学习成功的快乐，从而激发孩子学习的自信；如果孩子因为不喜欢老师而讨厌这一科，家长就要想办法帮助孩子放平心态，使他懂得抱着尊重、合作的态度与老师交往，才是正确的态度。

这样，等孩子能够以积极的态度面对学习上的困难，并能自行去克服困难的时候，就不会轻易被困难难住了。

对弱科，不要丧失信心

当孩子面对成绩不好或者自己不擅长的科目时，气势就低落了，因为他觉得自己不行。这个时候，家长所要做的对孩子最有帮助的一件事情就是提升孩子的自信。

1.分析“弱”的原因

为什么这一科没学好？家长寻找原因的时候，最好先听孩子说说。当然，要想孩子说出心里话，家长态度要好，要以和朋友谈话的方式、抱着了解情况的虚心态度和孩子谈。

这个时候，孩子一般都会找些外部原因，而看不到自身的因素。听了这些，家长也不要发火，可以把孩子学得好的科目或者比较好的科目拿出来，和孩子一起探讨一下他是怎么学习强势科目的。

家长可以准备一张纸，把某科学得好的原因罗列出来，比如，课前预习、听课注意力集中、按时完成作业、遇到不会做的题目努力思考、用心复习、笔记记得好等。最后，得出一个结论，充满自信地学习某科，才能取得好成绩。

当孩子在弱科的学习上有了改进后，家长可以把孩子做题的准确率或者考试成绩跟以前的情况做对比，让孩子明白，努力学习后，成绩就会有进步。这样，更增强了孩子的自信，孩子学习的主动性也会大大增强。

2.让老师配合

提升孩子在学习上的自信心，老师的作用也是不可忽略的。老师在孩子眼里具有相当的权威性。家长可以暗地里和老师沟通好，让孩子在课堂上多多回答问题，回答正确后给予鼓励，如果回答不上来，让老师课下和孩子谈谈，找出没有回答上来的原因，帮助孩子补习。老师的关注会激发孩子学习的潜力。

如果孩子在这一科目上有了一定的进步后，家长可以和老师商量，让孩子多做一些与这一科目有关的工作，比如做课代表，以示对孩子进步的肯定。

3.提升学习弱科的能力

孩子某一科学得不理想，也表明了孩子对这一科目的学习能力比较差。比如，语文学得不好，可能是认字不多、记住的词不多、理解能力不强、表达能力不强等。这种情况下，家长就要引导孩子多写字、多阅读、多写作，以提升这些方面的能力。

当孩子学习某科的能力增强了之后，学习起来就不费劲了，学习效率也会大大提升，学习成绩自然就提升上去了。

4.与弱科亲密接触

即便是弱科，孩子也总会有发挥好的时候，比如某次考试成绩不错、某道题算得很正确等。家长和孩子在一起，多谈论谈论他在弱科上曾经的辉煌，可以激发他的自信。

当孩子燃起学好的希望时，家长不妨趁热打铁，和孩子一起订立一个学习目标。当然，目标的设置不要太高，以比较容易实现为宜，这样才能达到激励孩子斗志的目的。

用目标激发兴趣。把学习目标分解，订下阶段性的小目标，刚开始要求放低一点，这样一实现便能激发孩子再接再厉的勇气，孩子学习的兴趣就会越来越浓厚。

5.培养迎着困难上的精神

对于不擅长的内容，孩子往往会有一些畏难情绪。这个时候，家长不妨先培养一下孩子的意志力，等孩子意志力坚强了，面对弱科，就能迎着困难上了。

培养孩子意志力的方法很多，比如坚持某项体育运动、坚持做一件事情等。等孩子明白了一件事情只要坚持不懈地去做，想办法克服困难，就一定能做好的道理后，孩子在弱科面前就不会显得那么懦弱无力了。

关于“取长补短”

有的家长觉得孩子有的科目学得好，有的科目学得不好，就是因为学得好的科目受到了孩子的偏爱，花费的时间和精力较多，占用了其他科目的学习时间，才导致弱科出现。把孩子的时间从热爱的科目上夺回来，添加到孩子不热爱的科目上，让孩子上辅导班、培优班补习弱科，这是家长们常见的做法。这么做虽然有一定的道理，但却不是最利于孩子全面发展的方法。

1.不扼杀孩子的兴趣

小学阶段是打知识基础、全面发展各项能力与技能的时候，家长不但要鼓励孩子全力学好学校的每一门功课，也可以让孩子参加一些兴趣班、辅导班。这样全面培养的方式有利于发现孩子的兴趣和强项。到了三四年级的时候，等孩子的兴趣、爱好稳定了，可以进行重点培养。

孩子学得好的科目，一定是兴趣比较大的。这会是孩子高考拿分最多的科目，所以，适当削减在这一科上的时间可以，但不能削减到影响孩子的学习。等到弱科有了起色，提高上来了，强势科目还是要提升的。

小孩子的意志一般不够坚定，而且容易受家长的思想影响。如果家长把握不好这个度，一个劲地提升孩子成绩不理想的科目，而对于成绩好的科目放任不管，很可能会让孩子真的忽略曾经学得好的科目，时间一长，优势学科也就发展成弱科了。

所以，面对孩子学习上有强有弱的情况，家长在帮助孩子的时候，还是要做到两者兼顾。

2.利用假期补弱科

我们判断孩子某一科是弱科的依据：一个是成绩不理想，另一个就是学新课的时候吃力。其实导致这两种情况出现的根源就是基础知识掌握得不牢。所以，当孩子学习某一科比较吃力的时候，家长除了在平时要引导孩子多在弱科上用功外，最好还利用假期来一次大的“补给”。

弱科弱在基础上，如果孩子基础薄弱，补习的时候，先要通读教材，重点应放在基本概念、原理、公式、定律、单词、课文的掌握上。

比如语文的生字、词，课后要求背诵的段落，要会写、会背。诗词要熟读，课后注解要认真记牢，养成写日记的习惯，提高写作能力。在老师的指导下阅读一些适合孩子年龄特点的名著，多做阅读理解习题。

学英语应牢记教材上的黑体单词，能拼写，能辨清词性。课文要熟读，根据课文长短，尽量能够背诵全文或个别段落。用“精读”“泛读”交替的方法，扩大阅读量，多做阅读题，写英文日记。

学数学则应先弄懂弄会概念、公式、定理等，能将这些内容用自己的语言表述出来，练习教材上的例题、课后习题，巩固基础知识，然后做一些综合性的题目，提高数学知识的运用能力。

别让补习班累坏了孩子

家长带孩子上补习班，初衷是为了孩子好，可是结果呢？每天赔上了休息时间陪孩子去读补习班的家长们，却被看成了望子成龙、望女成凤的“变态娘、变态爹”。

这还不算，重庆市一名11岁的小学生，因为上了好几个补习班后，患上了癫痫病。

从滔滔6岁的时候起，父母就开始给他报班，什么足球、游泳等，只是为了让孩子变得活泼、开朗、充满自信。上了小学，夫妻俩又给滔滔报了英语等补习班。滔滔上学后，学习成绩位居班级前五名，基本属于全能型学生。

可是，8岁的一天晚上，滔滔突然直挺挺地躺在床上，这可把夫妻俩吓坏了。带儿子去医院，结果被诊断为癫痫。之后，滔滔就隔三岔五地发病，有时愣神儿几秒钟，有时突然摔倒在地，最危险时曾摔倒在马路上，差点儿被车撞到……

要了解滔滔为何得了这么一种病，先要了解一些关于癫痫的知识。沈阳军区总医院神经外科副主任袁冠前作了通俗的解释：癫痫就是病人的大脑皮层有一块出现了病变，原本的规律放电变成说放就放，没有一点规律可言，受到一点刺激就会放电，随之会导致惊厥、抽搐。近些年，神经科专家研究发现，精神紧张、压力大都会加重癫痫病情，致使其发作频率增高，症状变重。

滔滔生病后，妈妈把问题归结为自己对孩子期望太高，过高的期望值使这位妈妈忽略了孩子的感觉，即使孩子喊累也没当成一回事。真是悔不当初啊！

错了才知道改正。这位要强的妈妈付出的未免太多了。好在，如果以后滔滔不再受到很大的压力，他的情况还是会好转的。

当然，我们不能因噎废食而一票否定了一些正规补习班对孩子成长的作用。在孩子身体允许的情况下，还是可以有选择地去上一些补习班的，从而使孩子补上弱科的不足，或者培养孩子某方面的特长。

1.特长班以快乐为准入证

小学阶段，孩子利用假期或者周末去学美术、围棋、乒乓球、游泳、乐器等，对发展特长、开发智力和情商等都是有一定好处的。但是，有一个前提，就是不能伤害孩子。

不伤害孩子的标准就是孩子喜欢学，学的时候很快乐。家长要明确目的，不是为了孩子成名，也不是为了让孩子超过别的孩子，而是为了丰富孩子的生活，开阔孩子的视野，为孩子将来的发展打基础。

这样，孩子不喜欢了，就可以放弃了。外界的压力不会影响到孩子的心理，孩子会很快乐。

2.补习班以复习为主

假期、周末的时候，上补习班的孩子也挺多。但是，挑选补习班的时候一定要慎重，而且最好不要让孩子整个假期都泡在补习班里。假期是孩子放松的时间，也是孩子增长阅历、锻炼生活技能的时间，家长要留给孩子交友、游玩、阅读、做家务等时间。身心获得休息与放松后，才能精力充沛地进入下一个学期的学习。

对于存在弱科的孩子，在假期或者周末，最好选择复习类的补习班，预习类的补习班则起不到任何促进作用，反倒浪费了孩子的时间。当下的补习班教师水平参差不齐，家长选择的时候一定要慎重。

为了让补习班收到更好的效果，家长有必要和补习老师约定，让补习老师帮助家长搞清孩子偏科的原因，这样才能对症下药，尽快扭转孩子偏科的局面。

3.对于弱科不要盲目上培优班

培优班都带有一定的“拔高”目的，题目相对来讲比较难。当孩子在基础知识不扎实的情况下，被迫去接触有难度的知识、习题，自然听起来比较费劲。本来有着这样的弱科，孩子自信心就不足，再去这样的培优班里接受刺激，不但打击了孩子的学习积极性，还容易使得孩子产生畏惧心理，丧失学习兴趣。

当然，对于优势科目是可以选择一些培优班提升一下能力的。比如，喜欢写作文的孩子，可以报名参加作文班；对数学特别感兴趣、精力比较充沛的孩子，可以参加奥数班等。

一定要有特长

当下受自主招生风潮的影响，很多家长看到一些“偏才”“怪才”靠着自己突出的特长顺利跨进了名校的大门，就想着也让自己的“偏科”孩子走这条路。

家长这么做究竟好不好，先别下定论，但有一点是值得肯定的，那就是让孩子发展自身的特长。谁不希望自己身上有根漂亮的羽毛呢？打造自己的特质是一件好事，但是做不好就可能出现“空有一技之长也深造无门”

的悲惨结局。

考入北大考古学系的孙沛阳曾经是一名偏科生，他因自己对青铜器的执着热爱最终走出了自己的路，以过来人的身份，他给部分偏科生一个忠告——正视自己的薄弱学科，努力均衡发展，以考上心仪大学作为自己的高中目标，同时也不要放弃爱好和专长，“因为这将成为你一辈子的财富”。鼓励学弟学妹们发展“一己之长”，是因为孙沛阳切身体会到，凡是对某门学科有独特兴趣的同学，进入大学后的发展可能会更好。

孙沛阳对青铜器的兴趣是从八九岁开始的，也就是在小学阶段，这个孩子就表现出了对这方面的兴趣和特长。这个时候，家长的鼓励和支持，对孩子来讲就像春天里的小雨，给了孩子心灵的滋润，使得孩子有信心继续发展下去。

孙沛阳现在在学校里学习成绩突出，可以说顺利实现了自己的梦想，并在努力建构着自己的成就。但是，即使有通过“自主招生”让自己的特长赢得大学的认可这条路可以走，如果把这看成逃避努力学习科学文化知识就大错特错了。

1.基础知识不可忽略

家长要帮助孩子认识到努力学习各科知识是非常重要的事情。特别是在小学阶段，不光是为了掌握基础知识、为未来的学习奠定基础，也是提升学习能力的需要。

在孩子成长的过程中，我们一定要纠正孩子的思想，那就是即使发展特长，也要将所有的课程学好，不要自诩“怪才”“天才”，也不要因为自己具有了某方面的特长而飘飘然地觉得自己可以走一条不同于别人的上大学的道路，心存侥幸而轻视基础学科的学习。这样的话，即使有特长，也会因为没有扎实的基础而导致特长不能得以发挥。

2.发展“特长”

当然，对于有自己特长的孩子，在学习过程中也不能因为害怕偏科而放弃特长和个性发展。特长的发展也是孜孜不倦学习、探索的结果，有了各科的基础知识做奠基，就可以更稳健地发展自己的特长。

学习特长在于积累，日复一日地学习很辛苦，鼓励孩子坚持，更上一层楼后就进入了不学不行的境界，苦就成了甜。

第9章

高效解题习惯
——准确、快速做对

任何一门课程的学习都脱离不开解题这个把知识应用到实践的过程，如何快速、准确地把题目做对，需要有个科学的练习过程以及掌握一定的解题技巧。

多找学习规律

在解题的时候，是有一定的规律的。哪个孩子发现了规律、找到了规律，掌握知识、解答问题效率就高了。所谓的找规律，无外乎是一个归纳、总结的过程。归纳、总结出了一类习题的做法，以后遇到这类题目的时候就能举一反三，大大提高学习效率。

举个简单的例子，当孩子遇到下面题目的时候，可能做起来比较难。

有一条长800米的公路,在公路的一侧从头到尾每隔20米栽一棵杨树，需多少棵杨树苗?

孩子解答了这类题后，脑子里会对这类题目有一个初步的认识。孩子在遇到下面这两道题目的时候，就能很快做出来。

在一条长500米的公路一侧架设电线杆，每隔50米架设一根，若公路两端不架设，共需电线杆多少根?

在一条长50米的跑道两旁，从头到尾每隔5米插一面彩旗，一共可以插多少面彩旗？

做完这两道题以后，孩子再遇到这类题目就会很准确地进行归类找到正确解法，这就是规律对孩子学习的巨大推动作用。

孔子要求人们学习知识时，要在乐学善思、融会贯通的基础上“举一反三”，他说“不愤不启，不悱不发。举一隅不以三隅反，则不复也”。他要求人们不仅要“闻一以知二”，还要“闻一以知十”，要在对已有知识理解掌握的基础上，去获得更多更新的知识。

“举一反三”，就是把知识学活，由已知类推未知，由此及彼，说明对知识规律的把握可以触类旁通，收到事半功倍的效果。孔子发现了开发学生智能的重要性，并从启发思维、开阔思路、培养联想能力三个方面找到了突破口，揭示出带有规律性的开发智能的方法，其指导意义是显而易见的。

当然，不是所有的题目都像上面这类题目那么轻易就能找到规律，但是，只要孩子用心，掌握的学习规律会越来越多，学习起来也会越来越轻松。家长可以从以下几方面指引孩子找学习规律。

1.归纳解题规律

归纳法是从特殊到一般的推理形式，它由几个单称判断或特称判断得到一个新的全称判断。举个简单例子，当孩子做过一定数量的应用题后，家长就可以提示孩子，归纳一下所做应用题的主要类型，找出每种类型题目的解题规律。再过一段时间又做了一些应用题，再让孩子把它们归入前面的类型，遇到归不进去的，可以开辟新的类型。

经常进行归纳，不但加强了对知识进行联系、汇总的能力，同时也巩固了对知识的记忆，有利于灵活地掌握知识。

2.总结学习方法

不同科目、不同类型的知识，学习方法都是不一样的。

比如，理科理解性的知识比较多，针对某个知识点，不但要记忆，还要多动手做题，而且动笔做过一定的题目后，对知识掌握得会更深刻。而文科，就需要多阅读、多理解、多记忆。再如，记忆英文单词的时候，可以通过词语本身的内部逻辑关系、词与词之间的外部逻辑关系记忆单词。

3.不断总结学习经验

有个孩子总是觉得自己说话、写作文的时候，表达得不够贴切，而且词语用得很不恰当。他想，如果自己能够随口就说出一个个成语，那么就不会常常出现口拙词穷的局面了。于是他开始想办法巧背成语，一共想了五种办法：

第一种是把成语分类，如动物类、植物类、肖像类、身体运动类、饮食类等。

第二种是玩成语接龙，就是说出一个成语后，用这个成语的最后一个字当下一个成语的第一个字，如此持续玩下去，有利于提升对成语使用的灵活性。

第三种办法就是根据成语的解释写成语。这种办法有助于帮助自己更深入地理解成语的意思。

第四种办法就是找出成语中的错别字。这种办法能够强化对成语的正确记忆，避免混淆和出错。

第五种办法就是用成语造句。造句有利于锻炼对成语的使用和书面语言表达能力。

通过这五种办法锻炼对成语的记忆和使用后，这个孩子很快掌握了很多成语，并且用的时候能够信手拈来，语言表达能力也大大提高了。

这个孩子的学习经验提示家长，要鼓励孩子在学习中不断寻找高效的学习方法，这样学习的思路才会更宽阔，学习能力才会更强。

扎实掌握基础知识

有位妈妈说，我儿子每次考试，丢分的都是简单题目，难题，他倒能鼓捣出来，怎么回事呢？很简单啊！基础知识掌握不够准确。

一位阅卷老师曾经对某一届高考试卷的基础题目得分情况进行分析，得出了如下的结论：从阅卷情况看，基础知识题得满分的并不多见，考生对基础知识的掌握有待提高。以文科数学为例，填空题是12分，不少考生的得分不高，有的只拿到了4分，与满分的差距比较大。填空题往往是送分的，但是考生要么太粗心，要么基础知识不牢固，导致失分。再比如文综的一道政治题目，只要回答出我国的国家管理形式和国家机构形式，就可以顺利得到2分。

基础知识掌握不牢固，主要有两方面的原因：一个是不够重视，认识不到基础知识是学习的基础，心理上忽视，下功夫就不够，导致掌握不牢固，后续学习事倍功半；另一个是不知道把基础知识掌握到什么程度才算真正掌握住，常常是当时懂了就放手了，几天后，再用却想不起来。

如何教孩子扎实掌握基础知识，以下几点很关键。

1.明确基础知识的重要性

知识就好比一条铁链一样，一环扣一环，相互之间密切相连。基础知识是链条里最基本、最关键的内容。所谓的基础知识，指最基本的知识内容和学习技能，包含拼音、字词句、运算、法则、各种基本规则、阅读水平、理解能力、写作能力等。

一个孩子如果不能掌握拼音，就无法自如地学习字词；如果没有掌握字词，就不能理解句子；如果不会遣词造句，自然不会写文章；连普通的小短文都写不了，更不能写出专业文章以至文学作品。任何一门学科都是以文字为载体的，语文学不好，直接影响着其他科目的学习。

一个孩子如果不能顺利写出数字，自然不会做算术题，连算术题都不会，怎么做应用题，不会做应用题，怎么把数学知识应有到其他的领域？因为数学是研究现实世界中数量关系和空间形式的科学，数学学不好，就会影响到科学、工程、医学和经济学等专业。

只有掌握住基础知识，知识链才不会断裂，学习难度系数才不会递增。

2.反复记忆、运用

不管是字词，还是短语、句子，或者定义、公式，都要领着孩子反复理解、记忆，达到不管任何时候，都能对答如流，而且能够在做题的时候熟练运用。要达到这种程度，需要在理解的基础上多次背诵，而且一些概念、公式一定要背诵得特别准确。

3.重点理解

对于孩子理解起来有困难或者容易卡壳的内容，要以鲜明、形象的方式，反复给孩子讲解，使其彻底理解、明白，然后辅之运用。孩子记住后，给予鼓励，以强化孩子战胜困难后的自信。像乘法口诀、四则运算之类的，如果孩子理解、记忆有困难，就要巧下功夫，直到烂熟于心。

遇到难题，先用心思考

所谓的难题，难在对孩子的综合知识、解题能力考查得更全面、更深入一些，做这类题目的时候，更要经历一番复杂的思考，做出来了，做题能力就提高了一大截。

孩子在写作业的过程中，遇到难题是常有的事，虽然最终的结果都是孩子搞明白了，把难题解答了，但是处理难题的过程却大不一样。有的孩子不会做，一求救，家长就帮助解决了。有的家长是对孩子一顿呵斥："这么简单的题目都不会做，什么脑子？"孩子哭哭啼啼心里不痛快，最后还是家长帮助孩子把题目解答了。

孩子一求救，家长就帮忙，不利于孩子学习进步。

家长这样做，容易使孩子滋生懒惰的情绪，遇到问题浅尝辄止，不求甚解，喜欢向父母求助。这样，孩子心里已经明白，反正父母会帮忙解决问题，自己就不用动脑筋了。除此以外，这还会让孩子养成一种遇到问题就退缩的习惯，这样的孩子不光在学习上没有恒心和毅力，就是做其他事情也是一样不能坚持到底。

我们都知道，当孩子在学习中遇到困难时，总会表现出不安和失望，有时甚至还会失去信心。这个时候，他才会向父母求助。如果父母一下子就帮助孩子解答了，也就等于承认了孩子不具备解答这种问题的能力，或者说不具备通过自己的努力思考解答问题的能力，等于间接否定了孩子的能力。父母上去就对孩子一顿呵斥，对孩子的自信更是一种打击。

孩子应对难题的能力，取决于孩子在学习上的自信心。我们很容易发现，那些学习成绩好的孩子，遇到困难的时候更能够静心思考，直至找到正确的解答方法才罢休。即使他们不能独立解决问题，在向别人求助的时候也会说："你提示一下就好了！"这是因为他们更注重锻炼自己的思考能力，而不是停留于解决一道题的做法。

家长不要孩子一求助就帮忙解答，而是要耐心看看题目，权衡一下题目有没有超出孩子眼下所学的知识范围，如果没有，那么就鼓励一下孩子："孩子，这道题对你来讲不是很难，别急，好好思考一下，你能做出来！"

这个时候，孩子就能静下心来思考。如果思考一会儿还是做不出来，可以建议孩子先跳过这道题目，接着做下面的作业。在做下面题目的过程中，有可能把上面堵塞的思路打开。如果孩子做完了所有作业，还是做不出那道题，就可以帮帮孩子。

不要直接为孩子解答难题，而是引导孩子学会思考。家长可以教孩子先将简单的思路写在草稿纸上，如果思路是正确的，只是不知道怎么思考了，稍微点拨一下就能做下去。如果思路是错误的，家长就要指出孩子错在了哪里，然后引导孩子进行正确的思考。给孩子讲完后，让孩子独立地解答一遍，在解答的过程中，孩子就明白了遇到难题该怎么思考。

马虎绝不是小事情

有的家长很烦恼，觉得自己的孩子简直没有记性，说了多少次要仔细，不要马虎，就是改不了，每次写作业，明明会的内容都写错了！

家长着急是有道理的。但是不管多么着急都不要发脾气，要静下心来看看，孩子马虎是态度问题、性格问题，或者还是其他的原因。家长只有找到产生问题的原因，才能从根源上改变孩子，培养出一个细心的孩子。

1.态度问题

家长仔细观察孩子几天，如果他写作业，作业错误率比较高，而且经常发生那种把“3”看成“8”、把“太”写成“大”的情况；或者他匆匆忙忙把作业糊弄上就去玩，作业质量很差，不是看错条件，就是算出答案忘了写得数。如果孩子经常出现上面两种情况，那么就可以断定这个孩子学习态度不端正。

学习态度不端正的孩子，在学习上没有责任心，想不到甚至都不去想为什么学习，可是不完成学习任务又不行，于是在没有家长监督的情况下，马马虎虎把作业糊弄上就算完成任务了。

学习态度不端正的孩子的鲜明特征是用功学习的时候成绩还不错，但是，一段时间不用功的话，成绩就会下滑。

其实，这类孩子改变起来比较容易，只需唤醒这个孩子的责任心，让他明白学习是为了自己，不好好学习就不会有好前途。当孩子明白了这个道理，家长再帮助孩子养成认真学习的习惯，慢慢地，马虎的毛病也就改掉了。

2.性格问题

有一类孩子，他们天生就是那种马虎的性格，对自己要求比较低。对于这类孩子，家长就要从小培养他的们责任心，让他们学会去负责，在承担责任的过程中逐渐会觉得有些事情是十分重要的，只有认真对待才能获得理想的结果。

当孩子做事的时候出现漫不经心、丢三落四等问题时，家长要及时提醒孩子集中注意力，否则，孩子就容易形成马马虎虎的做事风格。

3.善待马虎孩子

当孩子认识到马虎不是一种好习惯而又难以改正的时候，家长不要对孩子流露出厌恶的情绪，要告诉孩子马虎并不可怕，只要用心去改正，一定能够成为一个做事认真、仔细的好孩子。

孩子有了这样的积极认识后，才会勇往直前地去与马虎作斗争。战胜马虎，有几种比较好的小方法，家长不妨和孩子一起试试。

第一种是心理暗示法。每天做题前，让孩子在心里默念一遍：“马虎，我一定要战胜你！请你永远远离我！”“今天没有橡皮，我一定看好了题目再写！”积极的心理暗示能够产生积极的行为，不断地做出积极的行为，就会形成积极做事的习惯。

第二种是厌恶疗法。家长可以和孩子商量，在写作业的时候，手腕上套一根橡皮筋，马虎一次，自己就拉一次橡皮筋，让疼痛的感觉警告自己一定要仔细。

第三种是直面“粗心点”。所谓的“粗心点”就是孩子专门在某一类或者某一种题目上马虎，面对这种情况，家长先帮助孩子找到“粗心点”，以后做这类题目的时候，先让思维停顿3秒，然后再动笔。

第四种是熟能生巧法。如果有的题目孩子因为马虎出了错，那么，家长就可以让孩子重做一遍，熟悉题目后，就不容易出错了。

每一次作业都是考试

一个孩子要考出好成绩，需要很多条件，掌握知识、认真答题、答题速度快、考场上不紧张、字迹工整、遵守考场规则等。如果一个从没有考过试的孩子，让他进入考场后遵守这么多规则，答题这么有品质，恐怕很难，有的孩子甚至会情绪紧张发挥不出自己的水平。要想让孩子从容应对考试，家长可以试着从以下几方面入手。

1.把写作业当成考试

开始写作业前，家长就要跟孩子约定好写作业的时间，让孩子算好时间；要规定好写作业的时候要保持安静、专注；写作业前把所用的文具准备好了，开始写了就不能到处乱找；如果写完作业还有时间，就要检查；家长是监考官，可以随时走过去检查。

这样，孩子每天都要经历一次“考试”，当“考试”已经变成了一件习以为常的事情的时候，即使孩子真的上了考场，也不会紧张，并能发挥自己的水平。

有的孩子做题的时候，一旦题目有点儿难度，就先看看答案是多少，然后就根据题意、答案两头堵，能碰到一起就觉得自己会做了。一定要提示孩子，可以在写作业前温习功课。

2.让孩子给自己的作业打分

平平读三年级，学习成绩虽然还过得去，但是学习积极性一直不高，作业写得马马虎虎，很难一次全对。妈妈强调了多少回都不管用。妈妈让平平每天写完作业之后，一边检查一边给这次的作业情况打分。

关于评分的标准，事先规定了书写状态、效率、速度、专注力、字迹、准确率等。没想到，这个标准一确立，平平写作业的时候立马变了样。他不再拖拖拉拉地耗时间，而是拿起笔就认真地写，写完后还认真地检查了一遍，最后很谦虚地给自己打了4分。妈妈问为什么打4分，平平很严肃地说：“有一道题马虎了，理应受罚！”

妈妈有点不相信自己的耳朵，孩子竟然能够说出这么懂事的话来！关于马虎的问题，妈妈是强调过很多遍的，以前他都不以为然。看来，让孩子在检查作业的过程中给自己打分，效果就是不一样！让孩子给自己打分能够起到自我激励的作用。

孩子写作业的时候，最重要的是做到“独立、整洁规范、准确率高、准时快速”，而这些，都可以通过检查打分这个环节反映出问题。

页面是否清楚工整，体现了一个孩子的素质，影响着老师对孩子的印象，特别是考试的时候，还影响分数。要做到页面工整，在写作业之前要考虑清楚，不要涂涂改改。同时要做到字体大小一致、笔色前后一致、字迹工整清晰、行款整齐美观。

写作业的速度很关键，也体现着一个孩子的自我管理能力。凡是写作业慢的孩子，一定存在着这样那样的问题。比如，懒惰，而身体上的懒惰必然酿成思想上的懒惰，影响智力活动的效率，容易养成做事马马虎虎、拖拖拉拉、走捷径等坏习惯，进而影响学习效率。而一个写作业比较快的孩子，就容易形成做事速战速决、不拖泥带水的习惯。

如果字迹工整，擦拭的痕迹较少，说明孩子写作业的时候心平气和，认真地进行了思考，如果平时作业呈现这种状态，正确率比较高的话，不一定每次都要看具体题目做得怎么样。如果看了具体每道题的情况，其中有错的话，因为马虎出错的概率就比较低，家长可以针对错题和孩子交流一番，然后根据具体情况对孩子进行辅导。

如果看到字迹比较潦草，页面很凌乱，就表明孩子写作业的时候不够专心。孩子没有专心写作业，原因很多。可能是孩子着急去玩，赶时间；也可能是心情不好，闹情绪，写的时候就不很专注了；也可能是作业太多，孩子会写了就糊弄；还可能是孩子觉得自己会了，老师还是让写这么多，心里产生了逆反情绪，就糊弄了……家长要向孩子了解出现这种情况的原因，帮助孩子改掉不良行为，事情就好办了。

用多种方法解题

解题，是检验孩子掌握知识的情况和运用知识能力的重要方式。家长可以通过孩子的解题能力判断孩子对课本知识的掌握情况以及灵活运用知识的能力。一个能够用两种或者两种以上方法解题的孩子解题能力强，对知识掌握得也比较牢固。所以，我们可以让孩子通过多种方法解题，来锻炼孩子的解题能力，增强孩子对知识掌握的灵活性。

应试教育体制下，很多孩子做题的时候，是做出来了，对上了答案就完事，很少去想还会不会有别的解法，也较少把关注点放在解题方法上。为了改变孩子的这种做法，家长先要淡化孩子的标准答案意识。

《中国青年报》曾经刊载过这样一个故事：

上海作家叶开的女儿乔乔上小学三年级时，一次回答“三国时期最足智多谋的人是谁”的问题，她自信地写下了“孔明和庞统”，结果被语文老师判错，标准答案是“诸葛亮”，写“孔明”也算错。

类似的故事还有很多。有道试题：弯弯的月亮像什么？孩子的答案：像橘子瓣儿。老师批：×。

这些唯标准答案是对的做法，大大扼杀了孩子的思考力，家长平时要做一些“不标准”的工作。比如，当孩子遇到类似以上两种现象的时候，家长可以告诉孩子，有的时候在语文题目里标准答案不止一个，可以有多种解答方法，你的答案也是正确的，不要去计较老师判对判错。而且那些可以有多个答案的问题，考试的时候是会考虑到的。

在做数学题目的时候，家长可以指导孩子运用多种方法解题，这样做一道题相当于做了两道题、三道题，更能锻炼孩子从多个角度去解答问题的能力。

比如，有这样一道题：

一筐苹果连筐重46千克，卖出一半后连筐重24千克，求筐重。

孩子看懂题意后，家长可以指导孩子把已知条件、所求问题在演算纸上列出来。

已知条件：苹果+筐=46（千克）

半筐苹果+筐=24（千克）

半筐苹果=46−24=22（千克）

所求问题：筐重

根据以上条件，可以考虑到解答这道题有几种思路。

一种是：苹果+筐−苹果

一种是：半筐苹果+筐-半筐苹果

一种是：(半筐苹果+筐)×2-（苹果+筐）/2

有的时候，有的作业题目直接就要求用两种方法解答。遇到这类题目的时候，家长要告诉孩子不要烦，耐心思考就能找到解答方法。如果没有这种要求，家长就不要在作业量不小的情况下要求孩子每道题都用两种方法解答。而在复习或作业量较小或遇到典型题目的时候，家长可以多提示孩子用多种方法解答，这样孩子想问题的时候在心理上也比较从容，更不容易出问题。

讲究解题方法

不同类型的题目，有不同的解题方法。孩子在学习的过程中，能够悟到这一点，就具备了解决不同类型题目的能力。

一个孩子的解题能力是在做题的过程中，通过不断思考、注意总结解题方法锻炼出来的。从内容上来说，应用题、文字题、计算题、改错题、作文题等，临场处理方式不一样，要掌握住，靠的是日常积累。

1.说说解题过程

从已知条件出发，一步一步推导出结论，再从这个结论推导出更多的结论，选择契合问题的那个结论，这个过程就是分析求解的思维过程。孩子遇到题目的时候，分析思维的过程越是精准，解题速度越快，解题能力越强。所以，家长要指导孩子养成正确的思维习惯，具备了根据不同题目选择不同方法的解题能力，就可以避免孩子在学习上花费过多的时间。

当遇到一道题目的时候，家长不要满足于孩子已经做出了这道题，而是要进一步强化孩子对这类题目的思考、分析理解能力，提升孩子的思维品质。家长可以指导孩子说题意、说思路、说解法、说检验等。

说题意，就是让孩子说说这道题的意思，已知条件是什么，未知条件是什么，如果归类的话归到哪类题目里；说思路，就是说出自己当时是怎么想的；说解法，就是说说自己为什么采用这个解法；说检验，就是说出自己用什么方法检验这道题的解法是否正确。

说的过程是思考的过程，也是记忆的过程，对孩子解题能力的提升要远远胜过做一道又一道的题目。

孩子分析过这道题后，当遇到类似题目的时候，孩子脑海里会很快浮现出自己以前做这道题的思路，有了这个把握，思维的积极性大大提升，会在此基础上产生更多的思路。

有的家长觉得孩子做对了就证明孩子会做了，还说什么解题过程？可是很多孩子做完一道题后，下次遇到类似的题目或者是相同的题目还是不会做，这说明孩子并没有完全掌握这类题目的解题思路。所以，孩子写作业的时候，家长不要因为孩子答案对了就觉得孩子会了，还要多关注一下孩子的解题方法和解题思路。

2.灵活变题

当孩子做完一道题目的时候，家长可以和孩子玩一个游戏，那就是，把题目变一下。这里的变，可以从由家长变、让孩子做题开始，然后引导孩子也变题。

变题的方式很多，可以是在一道题的条件不变的情况下，改变一下问法；也可以是在题目不变的情况下，改变一下解题方法；还可以是在问法不变的情况下，改变一下题目里的已知条件。

变题后，孩子需要从另外的角度去思考问题，所以，对孩子来讲，能够大大提升孩子思维的灵活性。思维灵活的孩子，不容易陷于某个单一的思维定式中不能自拔。当他面对一道没有做过的题目的时候，即使很难，也不会轻易放弃，而是会从不同的角度出发想办法解决问题。

家长在指导孩子灵活变题的时候，要坚持一个原则，那就是要在孩子牢固地掌握了法则、公式的基础上，进行变题练习。否则，将淡化思维定式的积极作用，不利于孩子牢固地掌握知识。

3.与实际联系起来

很多的知识是与现实紧密相连的，家长多带孩子接触社会现实，增强孩子对现实生活的感知，能够帮助孩子去判断自己得出的结论是否正确，从而推算解题方法的对与错。

比如，农业生产上的株距、行距、行程，工业上的产值，商业上的成本、利润，等等，家长除了给孩子讲明白这些词的意思，能够切身感知的就感知一下，这样不会让孩子觉得自己解答的题目太高深，也能从客观上有个判断。

比如，做一道行程题目，已知两地的距离是2公里，要40分钟到达，如果算出的速度低于每小时2公里，肯定是错误的。这样通过常识的辨识，就能对结果是否正确有个快速的判定，不至于离题万里还看不出对错。

快速确立解题思路

一个孩子做题的速度取决于能否快速理解题意，确定解决题目的方法。小学生自行总结解题方法的能力还比较弱，需要家长的引导和帮助。

1.找关键词

雅思阅读老师在指导学生做阅读题目的时候，重点强调通过找关键词的方式来解决问题，甚至有些学生诙谐地说阅读就是关键词游戏。其实，不光是阅读题目，还有填空题、选择题、问答题、应用题，都可以通过找关键词的方式来完成。但是有一点要搞明白，所谓的找关键词，不是在什么都不懂、基础很差的情况下，靠着关键词去蒙答案，而是在充分掌握题意的基础上，再去借助关键词的作用，最终解出正确答案。

以一道语文题为例：

下列汉字减一笔能变成一个什么字？你能变出几个？

龙（　　）　　伐（　　）　　戒（　　）

吉（　　）　　灭（　　）

要解这道题，先要找到关键词，那就是“减一笔”，接下来按照这个要求去做就好了。

2.找已知和所求

解题时，有些题目叙述简明，孩子在阅读题目的过程中就能确定解题思路，很快就可解答出来，不需要特意去找已知和所求了。有些题目的已知条件比较隐蔽，暗含在某些语句中，就需要孩子凭借知识储备以及联想能力把它们找出来，最好以醒目的形式在草稿纸上列出来，这样有利于分析、综合、得出结论。

举个简单的数学题例子：

一个制鞋厂制出男鞋3860双,是制出的女鞋的2倍,问这个制鞋厂一共制出（　　）双鞋。

A.1930　　B.4790　　C.7720　　D.11580

这类题目看似简单，如果不看清题意，也容易出错。如果家长教孩子先列出已知条件、所求问题，问题就好解决了。

已知条件：男鞋3860（双）

所求问题：女鞋3860（双）÷2

答案：男鞋+女鞋=3860+3860÷2=4790（双）

这样来解题，就不会让错误有机可乘，得出的结论一定是最准确的。

3.多做题，总结经验

如果你是一个熟练的解题者，你也许会发现，很多情况下，使不同能力的解题者拉开差距的，实际上还是知识。而绝大多数情况下，孩子解题需要用到的知识，在其所接触的知识系统里面都是存在的。只要孩子把知识掌握得足够好，就有希望在遇到题目的时候把需要的知识有效地联系起来，并用于解题。

所以，在孩子学习的过程中，家长还是要指导孩子一定要把基础知识掌握牢固。比如数学课的概念、公式、定理等，英语的单词、语法、重点语句，语文的字词、句子、语段等。当孩子头脑里有了足够的基础知识，再多做一些题目，就能正确理解概念、定理、公式，逐步积累一定的做题经验，并总结出自己的做题技巧，做题的时候就能快速地对题目类型作出判断，确定运用哪种解题方法。

以一道数学题为例：

一个家庭一次性存款5万元，如果存款的年利率是3%，那么，这个家庭3年后连本金带利息一共有多少钱？

做这道题要用到公式：

利息＝本金×利率×时间（时间一般以年或月为单位，应与利率的单位相对应）。

第一次遇到类似的题目，不管孩子做没做出来，都要让孩子懂得一个道理，那就是要想顺利解答这道题目，就必须知道利息的计算公式。认识到了公式的重要意义，孩子在学习公式的时候会更用心。

第10章

积极应考习惯

——正常发挥，轻松考出好成绩

每次考试后，总有一些孩子因为在考场上没有发挥好而沮丧、落泪。会，却不能拿分，能不伤心吗？不是没有掌握住知识，也不是解题的能力不行，而是应考能力不强。考试是一个特别的学习过程和检验方式，做到正常发挥，需要一些特别的历练。

基本的答题习惯

家长们都很重视孩子对知识的掌握情况，觉得把知识掌握住了，就能考出好成绩。可事实并非如此，如果孩子不会考试，不能在有限的时间高质量地完成试卷上的题目，或者说呈现在试卷上的不是正确的答案，就不能取得好成绩。

比如，有个孩子从开始答题起，就想着“快答、快答，要不就答不完了”。由于着急，担心时间不够，不断督促自己快写，不是把数字看错，就是把题目漏掉，或者对题目里的条件考虑不周到就写上了答案。结果呢，错误百出，本来能做对的题目也出错了！

要想准确无误地完成试卷上的题目，最为重要的一点就是当面对一张考卷的时候，能够从容不迫地进入答题状态，然后以最利于考试的方式答题。要做到这一点并不难，只要帮助孩子养成习惯就好了。

任何好习惯的养成，都是从最初的一个正确的行为开始的，以下几种考试行为，有助于孩子养成良好的考试习惯，避免孩子在考试的时候出现“意外”行为！

1.重视考试的心态

考好考不好都无所谓的态度，是不利于考试的。因为任何事情只有重视才会认认真真地去做，才能做好。所以，家长应该要求孩子把每一次考试都当成对自己学习成果的检验，以一种积极的态度去面对。

考试试卷发下来后，在自己的座位上坐好，按考场要求摆好文具和证件。接到监考老师发下的试卷，先检查自己的试卷是否有漏页、漏印、破损、字迹不清等问题。如有问题，及时向监考老师反映。

在接到考卷后，先要填写好卷首各栏，将准考证号码、姓名等正确、清楚地写在试卷或答题纸(卡)规定位置上。答题的时候，严格按照标准，不糊弄，不忽略。总之，一切该填写的资料信息都要在指定时间仔细填在指定的地方。

这些虽然是小事，但是做不好却足以成为影响考场发挥的致命因素。比如，有个孩子在高考的时候，答一会儿题就感觉自己漏填了姓名，于是翻开考卷看看，发现没漏填就接着答题。过一会儿他又觉得自己的准考证号写错了，又看了一遍，就这样反反复复地检查前面，不能集中精力答后面的题目，导致考场发挥很差，很多平时会的题目都做不出来。

所以，家长要帮助孩子养成上了考场第一时间把卷头要填的“身份”内容填好的习惯，填一遍检查一遍，填好了就是完成了，就可以往下进行了。

2.通览全卷，迅速摸透“题情”

正规的考试都有一定的时间让学生统览试卷，平时的小考试可能没有这个时间。不管有没有这个时间，家长都要让孩子养成动笔答题前先把试卷看一遍的习惯。这样对整个考卷的题型、每个题型分数的分配就会有一个大致的了解，答题的时候大脑就会根据这个信息作出合理的决定，必要的时候作出适当的变动。

看完题目，大脑要有一个总体的规划，就是尽可能把小题包括填空题、选择题做完了，再做大题，大题包括问答题、论述题等综合题目。另外，心中还要确立一个标准，那就是不同题目，分数不同，答案卷留出的位置也不同，以中等字号书写，写满试卷上留出的空位就好了。

3.答题有顺序

一般情况下，答题都是从前往后进行，这样也符合考场上心理的特点，从简单题目入手，让答题的信心越来越足，紧张情绪得到进一步的缓解，使得思维进入一个最佳的状态。但是，家长也要提醒孩子，不能因为题目看上去简单，就掉以轻心，以为每一道题都这么简单，心理上一麻痹，就会导致对题目不能进行周全的思考，错误就来了。

任何一次考试，在难易程度上，都是搭配好的，有简单而容易得分的题目，也有难度大而不容易得分的题目，不管哪类题目，都要认真对待，仔细思考，才能正确地做出来。但是，一旦遇到了自己心目中的难题，而又确实解不出来，就先在草稿纸上标注下来，跳过这一道题目做下一道。

等其他题目做完了，回过头来再做。紧张情绪已经消除，正确答案就会“油然而生”。这种现象在心理学上叫“舌尖现象”。孩子在中考或者高考中，更容易遇到“舌尖现象”。如果一时做不出来，转移一下注意力，去解其他问题，等抑制过去后，需要的知识经验往往会自然出现。不过，回过头来还是做不出来，就要根据题目的特点做灵活处理了。如果是选择题，可以用排除法、代入法等试试。如果是简答题，就根据实际情况，把会的部分写上，能写多少写多少。

不担心，不害怕

考试虽然考查的是对知识的掌握情况，但是，如果孩子不具备过硬的心理素质，应付不了考场上的心情变化，可能就无法发挥出正常水平。

娇娇是一名小学五年级的学生，平时成绩不错，作业基本没出过错，上课回答问题也都能答上来，就连平时的小测验也很少出错。可是，每次考试的时候，不管是期中还是期末，或者是一些竞赛，娇娇的成绩都很糟糕。家长和老师反复与娇娇沟通，才了解到娇娇一上考场就发慌，有的时候拿笔的手都哆嗦，以至于写出来的字歪歪扭扭的，原本记住的知识却想不起来，会做的题目也束手无策。越是害怕，越考不好，越考不好，越害怕。

娇娇这种情况就属于心理紧张导致的思考发生障碍以至于不能正常思考的情况。要改变孩子这种状态，家长需要从以下几方面做好工作。

1.疏导孩子的考试观

孩子害怕考试，不是因为害怕考试这件事，而是害怕考不好带来的后果。由此看来，孩子的焦虑情绪是由对分数的态度引起的。如果孩子不担心考不好会怎么样，那么焦虑情绪就会大大降低，甚至根本就不会产生。

如果孩子不觉得考试分数低丢人，不觉得分数代表了一个人的前途，那么，孩子就不会这么在意分数。所以，在平时，家长不但不能过度看重分数，而且还要告诉孩子，分数只是检验孩子一段时间的学习情况，不代表孩子的前途和未来，一次考不好，下次努力了就能考好，并且只要努力了，就更不用担心考得好不好这件事情了，只要从容地去答题就好了。

2.把考试当成写作业

考试焦虑是每个孩子都存在的一种考前心理反应，适度紧张不会影响考试，甚至还能产生一些动力，促使孩子考好，一旦过于紧张、焦虑，那么就会影响考试了。

其实，从长远的角度来看，考试只不过是孩子求学生涯中的一次“作业”而已，考得怎么样并不会影响孩子未来的发展。即使高考考不好，也可以复读一年再来一次的。

既然考试平常到只是一次写作业，那么还有什么可怕的呢？平时怎么做作业的，考试的时候就怎么做，这样在没有压力的情况下考试，自然能够发挥出正常水平。

3.培养乐观的性格

自卑的人在平时的学习和生活中经常处于抑郁与不安的心境，一想到要面临困难和挫折就容易焦虑，害怕失败。当遇到考试，尤其是重要的考试时，就会紧张焦虑、心烦意乱，注意力难以集中。

性格内向的孩子可能因为家庭的原因、自身的原因而产生自卑情绪。对于这样的孩子，家长除了多关心孩子，调动孩子积极的情绪因素，还要着力培养孩子的乐观性格。平时家长要多鼓励孩子，鼓励的语言能够刺激孩子的积极情绪。当孩子考试成绩比较差的时候，也要找出孩子在考试中优秀的一面加以肯定，这样有利于孩子看到自己在学习方面的优势和潜质，对未来充满希望。

一个孩子学会对自己说“下次一定会更好”的时候，那么他的性格也在渐渐地开朗、乐观起来。为了防止孩子在考场上焦虑，家长还要教孩子几招。比如，可以用语言暗示自己：“我早就准备好了，终于等到这一天了！”“我今天头脑清醒！”“我思维敏捷，一定会考出好成绩！”“考试题无非是课本上的有关知识，没有什么可怕的！”

还可以暂时闭上眼睛，想一想自己慈祥的外祖母、恬静的小猫咪、缓缓流动的溪水等。这样，就可以转移因为怯场而产生的紧张情绪，使得大脑的兴奋点迅速转移到答题上。

4.考前生活很重要

如果在考试前一段时间，孩子还在拼命地开夜车，说明孩子对自己没有信心，可能会自乱阵脚。经过相当长一段时间的复习后，基本的知识都已经掌握得很全面了，即使要复习，也是看看背诵的知识。如果还是拼命开夜车，会因为过于劳累导致大脑不清醒、迟钝、思维混乱，从而引发怯场。

所以，我们要说服孩子考前不要开夜车，注意加强营养，多食用高蛋白和富含维生素的食物。睡眠一定要充足，一旦心情紧张影响睡眠，也不要看书，可以听听轻音乐，散散步，以便于舒缓精神，促进睡眠，身体运转正常就不会有烦躁的情绪产生。

海南中学心理学教师陈玲指出，人的心理潜力是巨大的，紧急情况下，即使三天三夜不睡，也足以应付考试，况且完全没有睡着觉的失眠情形是很少存在的。正常人在遇到重大事件的时候，都会有少许失眠，是正常反应。所以，家长要帮助孩子认识到只有不怕失眠才能不失眠，要给孩子传递这样一个信息，不要太在意睡眠质量，能睡多少算多少，睡不着也没关系，抱着顺其自然的态度对待睡觉，反倒能睡得很好。

5.做足准备

因为准备充分而胸有成竹的时候意志是很坚定的，并且不容易被外界的情绪所影响和感染。所以，家长要告诉孩子，平时用功学习，把要掌握的知识掌握住了，到了考试的时候就不会急急忙忙的。

当然，做准备不光是知识上的，还包括考试技能、技巧方面的良好习惯。什么事情做熟练了，就能“生巧”了，所以在平时进行小测验的时候，家长也让孩子像对待正规考试一样重视，那么到了考场上孩子则不会因为畏惧而焦虑。

6.专注答题

心理学家指出，考生在考试过程中感受到的噪声干扰，在很大程度上属于一种心理噪声。心理上的噪声虽然来自声源，但其分心的效果却是通过人的心理因素而起作用的。你越是注意噪声，越是觉得它正在干扰自己，你就会越感到不安，它的分心作用也就越强。所以，考生要克服心理性噪声对考试的影响，就要学会转移注意力，将精力集中于答题过程，不必去理会它，这样自己的急躁情绪就会减少，能够心平气和地专心于考试。

考前太拼，大脑“伤不起”

在《中国日报》网站看到了这样一则新闻：小学四年级的小花这几天上课打瞌睡，注意力不集中，每节课上到后半段就犯困。家长带着她到医院检查，结果医生诊断她是脑负担过重，出现了成年人才有的疲劳综合征。

俗话说：“脑子越用越灵活。”当下的孩子之所以出现这种因为用脑过度而影响学习的状况，除了学习任务比较重以外，还跟用脑不科学有关。看看现在的小学生，他几乎都是每天早上六七点出门上学，晚上五六点钟才能回家，然后做作业、复习功课一直到晚上九十点钟。有的家长还给孩子报各种周末辅导班，使得孩子每天的“工作量”不亚于成年人。

过于单调的生活会让孩子的大脑囤积很多的压力，交感神经持续活跃导致孩子的自律神经失调，身体器官出现症状，孩子感到疲乏、没有精神，上课走神儿，也就不足为奇了。

正如列宁在写给他的妹妹的信里所说：“我劝你正确分配学习时间，使学习内容多样化。我很清楚地记得，交换阅读或交换工作内容——翻译以后改阅读、写作之后改做体操、阅读有分量的书之后改看小说是非常有益的。”“最主要的是不要忘记每天必须做体操，每天迫使自己做几十种不同的动作，这是非常重要的。”

英国科学家法拉第，青年时期得了头疼病，记忆力不好。医生说是由于他用功过度、不注意休息所致，并劝他出去换换脑筋。于是，法拉第便去看滑稽戏，逛动物园，看马戏表演，漫步名山大川。之后他渐渐地恢复了健康，而且能够继续从事科研工作。

爱因斯坦在工作之余，经常通过弹钢琴、拉小提琴来使自己的大脑放松，有时他还会拿起望远镜遥望繁星点点的夜空。

可是有的人，即使日理万机还用功读书，依然不觉得累，是什么原因呢?

只有掌握了科学用脑的方法，才会“脑子越用越灵”。家长在辅导孩子学习的时候，也要重视科学用脑，这样才能收到良好的学习效果。

1.为孩子减压

当下的孩子压力不小，跟家长的教育方式有关。家长们盲目比较，不考虑自己孩子的素质，想当然地想让自家孩子“拿第一”“考名牌”“出国留学”“当科学家”，搞得孩子每天忧心忡忡，生怕别人成功了而自己成功不了，被父母教训。

心理学研究证明，压力会给大脑造成很大的影响，最为严重的就是对记忆力的伤害。学习的过程是一个理解、掌握知识的过程，孩子的心理压力过大，当然学习效率就低。这就是那些很少玩耍、一心扑在学习上的孩子学习反倒不如劳逸结合的孩子成绩好的原因。

每个孩子都有一定的上进心，所以他会为自己施加压力。适当的压力能够促进孩子学习进步。为了让孩子在适度的压力下平静快乐地学习，家长有必要引导孩子有张有弛地学习和生活，身体不疲劳，学习和生活高效率。

2.保证充足睡眠

当孩子熬夜写作业，出现没有精神、犯困、打哈欠的现象，这是大脑为保护神经元不受伤害而发出的信号。如果孩子坚持不睡，神经元就不可避免地受到伤害，影响大脑的创造性思维、注意力、记忆力等，产生焦虑情绪，对学习失去兴趣。

人体进入睡眠状态的时候，大脑的神经元会伸出所谓的神经纤维长突触，互相联系，制造出新的联络路径，使得脑内讯息传递的路径增加，脑力增强。对于成长中的孩子来讲，晚上10点后大脑皮层会分泌生长激素，所以按时睡觉，睡足9～10小时，才能保证生长发育和身体健康。同时，午睡也不可缺少，孩子的大脑经过了一个上午的学习思考，应该有一个小小的休息时间，补充精力，以提高下午学习的效率。

3.让孩子的生活丰富多彩

对于求学阶段的孩子，运动、娱乐、适当劳动，对大脑来讲，都是很好的休息方式。所以，家长不要让孩子除了学习什么都不做，而是要让孩子有自己支配的时间。这样，孩子全面发展，身心才能协调、健康。

4.注意科学饮食

大脑的发育和正常运行需要充足的营养。这就需要家长指导孩子按时吃早餐，不挑食、不偏食以获取全面的营养，少吃油炸食品、甜食，多吃蔬菜，适当吃些粗粮。平时，多吃一些对大脑有补益作用的食品，比如牛奶、鸡蛋、柠檬、鱼、葱头、花生、核桃等。

记忆暂时“堵塞”，怎么做

在课本上有标准答案或者老师总结过答案已经用心背诵下来的题目，出现在了试卷上，很容易出现答着答着就想不起来的情况，遇到这种情况怎么办呢？是冥思苦想，还是循着记忆自己组织语言写下去呢？

很多孩子都是凭着记忆顺着写下去，想不起来的就忍痛割爱了，把已经写明白了的答案内容再扩充一下，凑上个字数。结果怎么样呢？等答完了整张试卷，回过头来再看这道题目，却发现自己答得并不满意，遗忘的部分也渐渐想起来了，而试卷上却没有地方可写了，很是遗憾。

为了帮助孩子减少遗憾，家长有必要告诉孩子如何对待记忆堵塞的状况。常见的做法有如下几种。

1.保持镇静，先放一放

当孩子在考试的时候，有过度紧张、焦虑等情绪出现的时候，即使很简单的题目，都可能做不出来。家长要告诉孩子，一旦遇到这种情况，不要急躁，更不要担心考不好，努力把自己的精力从考试的题目上拉回来，闭上眼，深呼吸。等情绪平静下来后，再开始做题，这样，思维就容易进入常规状态。

如果遇到了很熟悉的题目，却想不起来，也不要着急，用跟上面类似的方法，先放松一下，如果放松后还是做不出来，就先放下这道题目，接着往下进行，往往不久就会想出答案的。

如果是因为遇到了难题而做不出来，这个时候不要轻易就放下，而是要先仔细地想一想，能做出来就先做，实在做不出来的时候可以先跳过它，找容易的题目做，把难题放在最后做，而且不要怕难题，在思路上可从多方位、大范围进行考虑，要激发灵活的应变能力，能解多少就解多少。

有一个因素最容易让孩子因为紧张而思路堵塞，那就是上一场没有考好。如果遇到这种情况，家长就要告诉孩子，把已经考过的科目清零，更不要自责，因为考好考不好只是自己的感觉，很多时候是自己吓唬自己，就权当那一科考得不错，然后以一种放松的状态去答题就好了。

2.通览试卷

有的时候，某些题目的确是想不起来了，这时不妨再通览一下试卷。知识之间是相互联系的，而试卷上的知识都是课本知识的反映，一旦试卷上出现能够启发回忆的线索，就能刺激思维活跃起来，回忆起自己想要的知识。

当然，通览试卷的时候，一定要迅速，如果是为了缓解思路堵塞这个燃眉之急而慢腾腾地寻找，耽误了很多时间反倒什么也没找到，这可是一件得不偿失的事情啊！

3.联想回忆法

当记忆被堵塞的时候，很多孩子甚至知道自己要用到的知识在课本的哪个部分，第几页，可就是想不清自己要的那句话或者自己使用的那个公式。

这个时候，可以试着回忆课本那一页是什么内容，然后据此引出自己想要的那句话；也可以回忆一下当时老师讲课的时候是怎么讲的，有哪位同学曾经回答过这种问题，以此打开自己的思路；如果是公式，就可以想想这一节、这一章的知识系统，从整个系统里把自己想要的内容摘出来。

说到这里，有一点特别值得注意，就是在复习的时候，要善于把握课本的知识脉络，尽可能地把所学的知识系统化，这样，牵一发而动全身，一个知识点想不起来，就可以通过系统之间的联系找出来。即使不能清楚地找到自己所要的知识点，也能找到这个知识点周围的知识和所在知识主干的知识，联合起来，确定一下答案，也是一个退而求其次的较好的选择。

别循着"似曾相识"的记忆走

很多孩子在考试的时候出现错误，是因为一看题目就觉得做过，不自觉地循着印象走了，完全没有注意到"狡猾"的出题者已经把某个条件改变了。比如，"多2个"换成了"多2倍"，"除以"变成了"除"，等等。无论是题目换了一个数字，还是换了一个说法、一个表述的角度，都会导致结果大不相同。

凡是被似曾相识的熟悉题目迷惑的孩子，不是没有掌握住知识，说到底还是考试能力不足。那么，家长怎么做，才能让孩子在考试的时候成熟起来，不容易被“似曾相识”的感觉蒙蔽呢？

1.不要太图快

孩子答题的时候，因为贪快，一看题，感觉与以前做过的某道题目很相似，便循着记忆中的老路解答了，实际上，并没有把题意理解清楚，只要题目稍有改动，答案就会出错。于是，就被“似曾相识”的记忆蒙蔽了。

“似曾相识”是一个人大脑中知觉系统和记忆系统相互作用的结果。关于情节、经历、事情经过的记忆，一般都是无意识记忆。这些无意识的记忆会根据本身的特征被存放在不同的记忆系统中，而我们无法意识到，当我们走到一个新的场景，场景中的某些部分就可能会刺激我们的一些记忆，调动大脑中不同的记忆系统与之相匹配。一旦场景中的某一特征和过去的经历匹配上，就会产生“似曾相识”的感觉。

很多学习和生活的场景，不需要特别的注意就会进入大脑形成无意识的记忆。这种无意识的记忆有时候在一个具体的场景中就会蹦出来，与知觉混在一起。在“似曾相识”的现象中，被调动的大多是无意识的记忆，也就是脑子里存在的记忆的痕迹，在一些极特殊的情况下就蹦出来。于是，透射到意识中，就产生了“似曾相识”的感觉。

在学习上，“似曾相识”的感觉是有利于学习的，因为有了“似曾相识”，孩子想到了从前是怎么做这道题的，不会毫无头绪，减少了思考的时间。接下来，孩子要做的就是，在对这类题目有了最初的判断之后，寻找与以往所做题目的不同点，或者说，以全新的视角审一遍题目。

所以，家长一定要告诉孩子，审题一定要仔细。即使觉得看到的题目很熟悉，自己已经做过，也要仔细地看看。因为有些题目，似曾相识，貌似熟悉，但是很可能有了变化，这就必须认真剖析，抓住“题眼”，切中要害。找准“题眼”能帮助孩子更少浪费时间，少走弯路，提高准确率。

2.培养准确做题的习惯

如果一个孩子养成了仔细审题、认真做题的习惯，那么就不容易被“似曾相识”的感觉所迷惑，而且会对这类题目警惕性特别高。一看到这类题目自己曾经做过，就会提防着出题者，主动去查找与自己做过的题目有什么不同，出题者做了什么有意识的变动，等等。

当孩子心里装着“准确”“正确”的时候，他就会不自觉地在做题的每个过程中，都非常用心，非常仔细，仔细地审题、仔细地计算、仔细地书写，每一个步骤都仔细地做，当然就不容易出错了。

掌握不同题型的解答方法

一张考卷上会有几种类型的题目，虽然每个题型都是考查孩子对知识的掌握情况、学习的能力等，但是要想取得高分，还需要孩子掌握一定的解题方法，才会避免因为不适应题型导致的丢分现象。

1.填空题

填空题不需要写过程，只要一个结果就好了。一般情况下，题目的表述简单而明确，从条件到结论的推演过程也不太复杂，相对于其他题目来讲比较容易，但是填空题对所填内容的准确性要求较高。

填空题的难度要比选择题大一些，家长要指导孩子在做这类题目的时候，所答内容一定要明确、肯定，不能含糊其词。

填空题往往是在一个正确的命题中抽去一些内容（既可以是条件，也可以是结论），设置空白，让考生填上。这样的题目看起来简单，但是却对学科知识中最基本的知识、概念、原理等要求很高，必须达到牢记的程度。

2.判断题

判断题只有两种答案，对和错，似乎很容易。但很多判断题看上去似是而非，常使一些同学感到琢磨不定。要正确解答判断题，首先必须把有关知识弄清楚，其次还有必要掌握一定的解题方法。

常用的解答判断题的方法有，根据所学知识，通过分析推理，作出判断，即根据题目的条件，通过计算、分析等过程，求出正确答案，再作判断；还要从反面思考，看看是否存在与题目所说相反的情况。如有，只要找出一个相反的例子，就能断定原题是错的；有些判断题，如果直接判断有困难，有时可以假设一个或几个具体的情况，验证结论是否成立，再作出判断。

3.选择题

当下，不管哪种形式的考试，选择题都因为题目灵活，涵盖知识能力强而成为试题的重要部分。一般情况下，选择题考查的是对基本知识的理解和掌握情况，基础技能的熟练程度，考虑问题是否严谨，解答问题是否迅速等情况。

题目内容多，对这类题目的要求就是答题要迅速。既然要迅速答题，就要讲究一定的答题方法。大部分的选择题，考查的是孩子的再认能力、判断是非能力和比较能力。常用的方法有排除法、直接判断法、比较选择法等。

所谓排除法就是把明显不适合的选项排除，再把唯一剩下的选项带入题目中去，看看是否合适。这种方法一般适合于孩子对题目不十分有把握、答案只有唯一一个的情况下。如果是单项选择的计算题，就不适合这种方法了。

有一类题目比较普遍，就是在题干中存在两部分内容，题目要求找出这两部分的“不同点”“相同点”或“区别”“联系”，这个时候，就要对题干中的两个认识对象进行比较，把结果与选项中的答案进行对照，这类题目容易出现在多项选择里。

4.简答题和论述题

对于文科中的简答题目，一般的情况书上都有清楚的答案。答题的时候注意简单而概括，只要列出答案里包括的几个要点就可以了。当然，如果答题地方允许，可以适当地扩展一些。

一般的论述题都没有固定的答案，需要孩子按照已经学过的知识进行综合、归纳、论述。一般这类题目分值都比较高，为了让孩子充分发挥自己的水平，家长有必要告诉孩子怎么答这类题目。

首先要紧密围绕题目，列出答案要点，然后对要点逐一展开叙述，观点越是深刻、广博，越有说服力。如果对一些要点把握不大，时间又不允许多考虑，可多答一些要点，但是不可以跑题，把一些风马牛不相及的内容放进去，否则不但不能拿分，还会让老师厌倦。

学会总结学习经验

我们总是提醒家长，不要轻易把自己的孩子跟别的孩子比，这样容易引发孩子的逆反心理。但是，有的家长还是不断地在自己的孩子面前说别的孩子的长处，什么学习用功、考试成绩好，因为他们觉得不比较，就不容易让孩子发现缺点、战胜缺点，更无法提高孩子的抗挫折能力。家长这样的做法不值得赞同，因为做一件事情，总可以找到更好的方法，如果家长好好动动脑筋，让孩子不断总结学习经验，弥补自己的不足，就能提高孩子抵抗挫折的能力。

阳阳是个顽皮的孩子，好奇心强，写作业的时候，很容易注意力不集中。为了帮助阳阳集中注意力，每次阳阳写作业的时候，妈妈都把他的书桌收拾干净，与学习无关的东西都拿走。这个办法很管用，阳阳写作业的时间比平时快了将近1小时。妈妈总结了一条学习成功的经验，写在了小黑板上："写作业前，收拾干净书桌，能提高写作业的效率。"

妈妈鼓励阳阳主动总结有利于学习的经验，写在小黑板上，每天常看看。如今，阳阳的小黑板已经放不下那么多的学习经验了，妈妈鼓励阳阳每次要写新的学习经验的时候，可以先把旧的学习经验写到笔记本上，然后把黑板上的擦掉。这样，就可以多看看新的学习经验，旧的每个月看一次就行了。

不断总结学习经验使孩子成为一个在学习上有办法的人，不但能够主动去寻找更好的学习方法，即使遇到困难，也能积极想办法解决。

亲子教育最重要的一点就是营造良好的亲子关系，很多家庭亲子关系不好，最重要的原因就是家长剥夺了孩子的自主权。当孩子的学习出现问题的时候，对着孩子大喊大叫或者唠唠叨叨，孩子不痛快，哪里还想得到解决问题的方法呢?

聪明的家长往往会引导孩子改变错误的做法，帮助孩子建立科学的习惯。每个孩子都有积极向上的愿望，家长帮助孩子获得了进步的能力，孩子对家长是非常感激的，这就进一步促进了亲子关系的良好发展。

家长引导孩子总结学习经验，要注意以下几个问题。

1.抓住时机

当孩子被老师表扬了、写作业效率提高了、学习成绩提高了等，都是总结经验的大好时机，因此，家长要抓住这些时机引导孩子总结经验。

既然是经验，就要发扬。所以，总结出来的学习经验一定要写在容易看到的地方、能够被保存的地方，这样不断温习，才能真正转化为良好的习惯。

2.总结教训

人们之所以说“失败是成功之母”，就是因为失败是有价值的，是实践的过程，能够为下一次出发提供经验教训，让以后的路走得更顺畅。但是，失败的价值有多大，还取决于一个人从失败中吸取经验教训的能力。

学习阶段既是吸收书本知识的过程，也是学习正确的做事方式、方法的过程。一个懂得从失败中吸取经验教训的孩子，生活、学习的主动性会很强，抵抗挫折的能力也会很强。

所以，家长不要一见到孩子成绩不好，就给孩子扣帽子，什么不用功、贪玩、笨……要知道，孩子考不好也很不开心。这个时候，耐心地帮助孩子，是对孩子最好的鼓励。

多问几个“为什么”

有人认为，发散思维发展受阻是中国人创造力不足的另一个重要原因。为什么这么说呢？我们太喜欢有一个确定的答案了，而不愿意去想是不是还有其他的答案。具体表现在课堂上就是，老师讲什么就沿着老师的思路听下去，并放进自己的知识仓库——大脑，不进行任何怀疑性、拓展性思维。

其实一个人是否具有创新能力通过课堂听讲就可以看出来。凡是那些在课堂上会问“为什么”的孩子，他的求异思维、逆向思维、问题意识往往都很强，也就是发散思维获得了发展。

心理学认为，聚合思维以逻辑思维为基础，十分强调事物之间的相互关系，试图形成对外界事物理解的种种模式，追求问题解决的唯一正确的答案；而发散思维则以形象思维为基础，不强调事物之间的相互关系，也不追求问题解决的唯一正确答案，它试图就同一问题沿不同角度思考，提出不同的答案。

要想让孩子的发散思维不随着逻辑思维能力的不断提高而逐步下降，家长一定要提示孩子，在学习活动中多进行发散思维的训练。比如，在课堂上就可以多问几个“为什么”。

1.当老师问问题的时候

每一堂课老师都会提出几个问题，并请学生来回答。家长可以告诉孩子，抓住这个机会，多问几个“为什么”，并进行思考。比如，老师为什么要问这个问题？这是哪节课讲到的知识？这个问题跟接下来要讲的内容有什么联系？这位同学回答得对吗？他的回答为什么是错的？每节课都这么思考，既有利于孩子掌握老师的讲课思路，也开拓了孩子的学习思路。

2.老师强调的地方

一般情况下，一堂课里的重点内容，老师会反复强调几遍。家长可以指导孩子在这个时候问问“为什么”。老师为什么要强调这个知识点呢？这个知识点和前面讲的内容存在着怎样的联系呢？通过这样的思考，更有利于孩子系统掌握当堂课所讲的内容。

3.预习的时候不懂的内容

当老师讲到自己预习的时候没有看懂的内容时，也是一个问“为什么”的好时机。家长可以指导孩子这样问：为什么当时我没有看懂呢？卡在了哪里？这个知识点是否真的难理解呢？这样问，有利于提高孩子的预习水平，即自学能力。

4.老师出错的时候

老师也可能有记错、混淆知识、马虎的时候，甚至由于思考得不够深入而导致对某一问题持有错误的观点，这个时候，抓住老师的“错误点”多问几个“为什么”，有利于培养孩子学习上的求真精神。

在课堂上多问几个“为什么”有很多好处，除了有利于孩子把知识学活外，还能帮助孩子提高注意力，形成认真、主动的学习态度。

第11章

珍惜时间习惯

——一旦养成，就能保持

不贪玩，爱学习——家长对孩子的期待能否成为现实，在于是否培养了孩子珍惜时间的习惯。孩子的时间观念是在按时、定时、准时完成任务的过程中建立起来的，一旦拥有，就能保持。

着急不等于时间观念强

有位妈妈说，怎么觉着我儿子上学后，家里的空气都变得紧张了呢？耳边时不时就会响起他急躁的呼喊：“妈妈快点开车，选择坐您车，我真是醉了！”“今天作业多，我得赶紧写！”“妈妈，快点儿，给我讲讲这道题！”一名小学低年级的学生，课业任务不多，至于这么急吗？刚开始以为他积极，有时间观念，后来观察别的小朋友都很从容，成绩比他还要好呢！看来，着急不等于时间观念强。

有句话叫“欲速则不达”。脾气急躁的人遇事着急，想不周全就行动了，容易半途而废或者匆匆弄完留有遗憾！而时间观念强的人讲究效率，能科学地安排时间，有自控能力，按计划而不是匆忙行事。

面对学习任务，急于完成的孩子有着极强的交差心态，做了就行，不在乎准确率。做完了，就去玩了。相反，时间观念强的孩子，对作业需要多少时间、自己有多少时间有准确的认识，会根据情况从容应对。时间紧，就放下别的事情，快速写作业。时间充裕，可能推迟一会儿。心里有谱，不疾不徐，从容应对，才是掌控时间的高境界。

如果你的孩子容易着急，可能会影响学习效率，降低学习品质，需要稳定他的情绪。

1.要孩子懂得循序渐进的道理

孩子上学后，心中都有一个小目标，那就是考第一、当班长。为了实现这个目标，很多孩子会表现得非常努力。可是，一旦当不上班干部、学习成绩也不优异，努力劲头儿很可能受到打击，有的孩子还可能破罐子破摔，在学习上也不用心了。

这个时候，家长要告诉孩子，只看到眼前的成败，沉不住气，只是一知半解就觉得自己学会了，不可能取得好成绩。学习知识是一个循序渐进的过程，需要长期努力才能看出结果，一次两次考试成绩不好不代表学习成绩差，顶多是学习能力不强，或者学习方法不够好。任何一个人想学有所成，就要坚持不懈地从低级到高级，由浅显到深入地钻研，这样才能更加牢固地掌握知识。

2.想好了再做

有的孩子做事不思考，张嘴就说，动手就做，这样草率行事，难免出错。针对这样的急躁性格，在孩子做事情时，家长可以提示孩子："想好了再做。"在一起交流的时候，需要孩子发表意见，家长可以说："想好了再说。"

在日常生活中，家长尽量不要催孩子，孩子毕竟是孩子，能力有限，家长一催促，孩子难免就着急了。一着急，事情做不好，难免会心烦，当孩子经常被心烦、急躁这些负面的情绪困扰的时候，就容易控制不住自己，做事常常出错。

3.引导孩子善始善终

习惯的力量很大。一个从小能够把事情做完的孩子，较之总是半途而废的孩子会更有耐心，自我控制力也比较强。所以，当孩子因为一件事情做不好而急躁甚至要放弃的时候，家长要告诉孩子，做事情只有个好的开头不算成功，只有有个好的结尾才算完美。

善始善终可以克服急躁。当孩子写作业或玩耍因为不合自己的心意而出现急躁情绪的时候，家长不妨安慰孩子："你光顾着急，都忘了好好想想这道题了，不着急反而能想出来，一着急就更慢了！"这样，孩子懂得了着急也没用，渐渐地就能克制自己的急躁情绪了。

为了帮助孩子善始善终，实现做事情不疾不徐，家长可以培养孩子合理制订生活计划的习惯。等孩子养成按计划行事的习惯，就不会做着这件事想着那件事，以至于哪件事都做不踏实，一天到晚地感到焦虑。

如果家长遇事不急躁，更不乱发脾气，这种平和的情绪会直接影响孩子，使孩子做事也会稳妥、有秩序。

有目标，守住好时光

如果有幸走进航海指南针的生产工厂的话，你会发现，还没有被磁化的指南针会指向各种方向，而经过磁化处理后的指南针就会指向北方，而且从此以后一直都指向北方。

人也是这样，一个没有目标的人就像没有被磁化的指南针一样，茫然地消耗着自己的时光，而无所成就。只有在被他本人对目标的选择进行磁化处理后，他才会坚定地指向一个方向，坚定地走下去。

我们看到孩子总是贪玩、不好好写作业，把大把的时间荒废在上网打游戏、看电视上，一点都不懂得珍惜时间好好学习的时候，可能是你的孩子并没有建立一个有效的目标体系，以至于在学习上缺少动力，规范不了自己的行为。

如果真的是这样，我们该怎么帮助孩子呢？可以从以下几方面来做。

1.有一个远大的未来目标

不管孩子的兴趣在哪里，家长从孩子懂事的时候起，就有责任和义务观察孩子的兴趣、天赋，以便帮助孩子确立未来的发展方向。但是，不管孩子未来的发展方向是什么，孩子在13岁以前，家长都有必要把“好好学习，做个有能力的人”的目标种在孩子心中，这样孩子在学习、发展兴趣上才会有动力，才会不断地争取提高自己、丰富自己，而不是把时间浪费在无谓的事情上。

2.近期目标一定要明确

近期目标可以是半年的、一个月的、一周的，这个目标一定要明确。什么是明确的目标呢？简单来讲，就是要达到什么成果、要做到什么是明确的，而且是切实可行的。举个简单的例子，如果孩子制订了目标，在这一周内不但要按时完成作业，做好预习、复习，争取在周测验中达到90分以上，还要读完一本故事书。这样，孩子的心中有这些事情要做，就会努力地管住自己，而不是把时间浪费在玩耍上。

有的孩子在制订近期目标的时候，容易犯一个毛病，那就是目标过大。过大的目标，实施起来因为有难度而容易让孩子消减热情，导致执行力不足，总有这样那样的无聊的事情影响目标的实现，于是，目标成了难以实现的愿望。而实效性是近期目标最鲜明的特征，如果每一个近期目标都以愿望的形式存在，那么所有的近期目标都变成了远期目标，而远期目标则成了一个遥远的梦境、幻想，这样下去，恐怕一辈子都不会有起色。

3.向着目标前进

从某种意义上来讲，目标体现的是一种精神。一个有了目标的孩子，他的内心是充实的、积极的，仿佛有一种力量引领着他去做有意义的事情。即使这个时候这个孩子并不能清晰地看到远方的目标、近期的目标，但是他的方向感很强，在不断前进的过程中，理想明确了，远方出现了一座清晰的灯塔，那正是他所期待的，于是他有了一生为之奋斗的长远目标。

内心不断升起的信念的力量指引着他不断地提升自己，不断地修正自己。在人生的信念越发坚强的过程中，不断地收获成功，不断地制订更高效的近期目标，让梦想离自己越来越近。

把时间当成“零布头”

曾经看到一件背心，是由一块一块的三角形、四边形的图案拼接起来的，非常精致美丽。忍不住上前问是什么牌子的，从哪里买到的，对方嫣然一笑，说是家里做衣服剩下的零布头拼接而成的！

既然零布头可以拼接成美丽的服装，那么，把零碎的时间利用起来是不是就成就了一幅美丽的人生图画呢？那是当然了，因为零是可以合为整的。

生物学家达尔文说过：“我从来不认为半小时是微不足道的一段时间。”诺贝尔奖获得者雷曼的体会更加深刻，他说：“每天不浪费剩余的那一点时间。即使只有五六分钟，如果利用起来，也一样可以产生很大的价值。”

汇涓涓细流方成浩瀚大海，积点滴时间而成大业。事物的发展变化，总是由量变到质变的。“点滴”的时间看起来很不显眼，但这些零零碎碎的时间积累起来却大有用处。

19世纪美国最伟大的浪漫主义诗人之一朗费罗每天利用等待咖啡煮熟的10分钟时间翻译《地狱》，他的这个习惯一直坚持了若干年，直到这部巨著的翻译工作完成为止。

伟大的人物不但重视零碎时间，而且都非常善于利用零碎时间。我们也要从小教孩子重视零碎时间，利用好零碎时间。这样，孩子生命的长度就无形中被加长了。

1.利用零碎时间的诀窍

所谓零碎时间，是指不连续的时间或某一件事情与另一件事情衔接时的空余时间。零碎时间的情况很复杂，就时间长短来讲，可能是5分钟，也可能是10分钟、20分钟，有的时候还可能是1小时。就情境来讲，可能是饭前、睡前、等待的时候，所以怎么利用这块零碎时间完全靠的是准备情况。

如果随身带着小卡片、阅读器什么的，那么不管在哪里都能巧妙地利用时间。如果身上什么都没有，只有任凭时间白白流逝。所以，家长要告诉孩子，为了很好地利用零碎时间，平时要做好准备，以便遇到零碎时间的时候就地取材。

2.等待的时间

有的孩子上下学路程比较长，要么坐公交车，要么私家车接送。如果是坐公交车，必然有排队等车的时间，这个时候，家长可以指导孩子默背一下诗词、课文、单词、刚学的公式什么的。等电梯的时间、等人的时间等，都可以这样做。

如果是坐私家车，那么，在车上的时间就可以充分利用了。孩子可以利用这段时间回忆学过的知识，可以看看当天要讲的内容，也可以阅读一些童话故事。有写作习惯的孩子，还可以做些写作的事情。

3.饭前做什么

在家里的时候也有很多零碎时间，比如饭前、出门前、遛弯的时候、家里来客人的时候等。关于饭前、出门前，孩子可以利用这些时间阅读一些课外书、背诵一些知识。如果是散步的时间，可以回忆一些所学的内容，也可以完成一定的背诵任务。

4.睡前做什么

睡前的时间可以说是最好的一段零碎时间，这段时间身体比较放松，记忆力也不错。孩子躺到床上以后，可以看一会儿书。熄灯以后，可以闭上眼睛回忆一下当天所讲的内容，一边想一边就睡着了。

先做功课，后玩耍

一走出校门，我们看到的是兴高采烈的孩子。放学了，孩子们做什么呢？去哪里呢？这对家长来讲是个问题，因为这涉及孩子的安全。有的家长宁愿孩子留在校园里上辅导班、特长班，这样下班的时候接着孩子回家心里更踏实。有的家长却愿意孩子换换环境，回到家，稍微休息一会儿，然后就写作业，写完作业和小朋友们出去玩玩。

可是，很多孩子放学后就管不住自己了，玩起来没够，往往耽误了写作业。这样的孩子，往往是自我控制能力不强，才导致因为玩耍耽误了学习。要想让他能够合理安排时间，先完成重要的事情再玩耍，家长需要从以下几个方面培养孩子。

1.告诉孩子做事的顺序

做事情是要按照一定的顺序进行的，这样才能保证每件事情都能在指定的时间完成，不至于耽误、拖延。孩子往往不懂得什么样的事情先做、什么样的事情后做、什么样的事情可以不做。这需要家长告诉孩子，孩子才能灵活而正确地安排自己的时间。

家长要告诉孩子，所有的事情都可以归入以下四类，分别是重要而且紧急、重要但不紧急、不重要但紧急、不重要而且不紧急。做事时要根据情况来合理安排。

放学以后，可以说最为重要的事情就是做功课，但是因为这件事情不紧迫，就为孩子留下了往后拖一拖的借口。当小朋友相约出去玩的时候，很多孩子虽然意识到做功课是一件重要的事情，可是人家已经来了，就可能随着朋友出去了，甚至因此而耽误了学习。

所以，家长要告诉孩子，学习才是最为重要的事情，因为这是一个学生的责任，也是做好后得到回报最大的一件事情。当然，玩耍、交际等也很重要，但要等完成了学习任务后再进行，才是最妥当的。

2.培养孩子的自我控制能力

当孩子知道了什么样的事情才是最重要的，是值得先做的事情后，却总是忍不住去做那些不重要的事情，这就要求家长想办法提高孩子自我控制能力。

提升孩子自我控制能力最为重要的方式就是延迟满足孩子的需要。比如，孩子写作业的时候，就要孩子写作业，什么时候把作业写完了才能让他做其他的事情。每一次都这样限制孩子，养成习惯后，孩子就会自主地在做完作业后再做其他的事情。

为了全面提高孩子的自我控制能力，平时家长还可以有意识地做一些延迟满足的训练。比如，让孩子坚持长跑、跳绳等体育运动；到了看喜欢的动画片的时间，家长可以跟孩子说："锻炼锻炼你的自我控制能力，晚10分钟再打开！"妈妈和孩子一起去采购，买了孩子最喜欢吃的小点心，孩子特别想吃，妈妈要耐心地跟孩子说："孩子，你长大了，要注意自己的形象。一边走一边吃很没有风度啊！坚持一会儿，到家里再吃！"

如何自习

一个自主能力强的孩子，自律性也很强，他知道什么时候该做什么事情，不该做什么事情，最为重要的是能够根据自己的实际情况来安排时间，做出选择。所以，要想孩子上好自习课，需要家长费些心思，好好地引导孩子。

1.告诉孩子自习课的重要性

有的孩子觉得，老师不讲课，自己就可以休息休息了。于是，自习课上便说说笑笑，玩闹起来了。面对这种情况，家长要告诉孩子，自习课很重要。因为老师讲完课以后，就进入了知识的遗忘阶段，为了不让知识早早忘掉，就要及时温习一下，而自习课正是温习功课的大好时间。同时，上完自习课以后，下一堂课会有新的任务，好好利用这段时间预习一下下节课将要讲的内容，有利于提高课堂听讲的效率。

校园学习是一个带有统一性质的教育，老师的教育方式面对的是一个班级的同学，不可能照顾到每一个个体，但孩子之间是有差异的，自习课的安排就给了孩子们“扬长补短”的时间。另外，自习课除了让孩子自由安排时间，根据自己的实际情况去决定学什么外，还有一个更重要的作用，就是锻炼孩子的自主能力。

2.为孩子支几招

有的时候，跟孩子讲明白道理，对于改变孩子行为的作用并不是很大，这个时候，就需要家长教孩子一些实用的方法，让孩子从具体的行为中体悟怎么做才是最好的。

第一种，自习课开始后，先制订计划，把这节课要做的事情列在一张纸上，然后按照这个顺序去完成。有了计划，就有了做事的紧迫感，孩子就不会把时间花费在玩闹上了。

在时间的安排上，要以当天所讲的新课为主，可以是复习，也可以是记忆，还可以是做题。这里的做题不一定是写作业，也可以是把课本里的例题重做一遍。

第二种，还可以按照老师的要求，有针对性地进行新课的预习，为进一步学习新知识奠定基础。如果这些事情都做好了，孩子还能根据自己的情况找出事情来做，说明孩子不但了解自己的学习情况，也能主动地安排学习生活。

寒暑假的功课

寒假、暑假是求学阶段的孩子一年中拥有的自由支配时间最长的假期。寒暑假怎么过，对接下来的新学期有着很大的影响。

有的家长假期还没开始，就给孩子定下了指标，干这个，学那个，搞得假期比学期还忙碌，孩子苦不堪言。还有的家长根本不管孩子，孩子睡一天、玩一天都无所谓！假期结束了，问问孩子这一个假期做了什么？有怎样的收获？孩子根本回忆不起来。

阳阳是一名三年级的小学生，平时爸爸妈妈工作忙，暑假的时候就把阳阳送到了郊区的奶奶家。奶奶见了孙子开心得不得了，每天带着孩子到处玩，临开学，父母来接阳阳，才发现家庭作业只写了几页，至于课外阅读书籍更是一页没看。

阳阳的假期过得还算不错，因为玩得很快乐，而且和奶奶相处在一起，增进了亲人之间的了解。但有一点美中不足的就是没有兼顾到作业、功课。

那么，对孩子来讲，怎样才算一个不错的假期呢？简单来讲就是，学习上，孩子没有丢下所学知识不管，可以充满自信地迎接下一个学期；生活上，开阔了视野，锻炼了能力，智商、情商都能获得一定程度的提高。

1.制订假期生活安排计划表

孩子的自律能力一般比较差，脱离了把时间划成一块块的校园生活，难免会无所适从。家长不妨学学学校，把孩子的时间画成格子，也就是制订一个假期生活安排计划表，然后把假期生活填到表格中去，就不会出现像案例中阳阳那样离谱的假期了。

制订计划的时候，有几点一定要考虑到。一是兼顾到孩子的个性，给孩子的特长以特别的照顾，同时也要关照到学习上的不足，尽可能地把落下的功课补上；二是要注意到生活的多样性，既不能让孩子玩个够，也不能让孩子埋首书本，更不能什么家务都不让孩子做，生活的方方面面都兼顾到，才算一个有意义的假期。

制订计划的时候，一般包括整个假期计划表、一周生活安排表、一天作息时间表。

整个假期计划表，整个假期要做的事情很多，包括发展兴趣、走亲访友、写假期作业、复习功课、预习功课、返校等。

一周生活安排表，是指一个星期里所安排的主要学习内容与活动内容。可以把学校规定的返校日、班组或中小队组织的活动、兴趣小组活动和家长准备带孩子参观访问、走亲访友、游公园等活动均列进去，这样便于执行。

一天作息时间表。可以按时间顺序，作出具体的安排。它包括起床、锻炼、做作业、自由活动、阅读、绘画、做家务，以及进餐、午睡、看电视、出去玩等。当然，这只是一个基本的安排，如果当天有参观游玩活动，就要做特别的改变。比如，看电视、做家务、出去玩等就被取消了。

在制订计划表的时候，一定要注意一点，计划表是给孩子列的，一定要切合孩子的生活和实际能力，而不是异想天开，想当然地去规划孩子的时间。

2.不可忽略玩这件事

假期与学期是不同的。学期中课程内容较多，假期就要多进行课外活动。所以,家长要尽可能地让孩子玩得好。

不要觉得玩耍对孩子的成长没有好处。人的生命活动少不了玩耍，过多的动易消耗精力，需要静来调节；过多的静易于产生疲劳，需要动来调节。孩子静了一个学期，到了假期就让孩子多动动吧！这样才利于孩子的身心发展！

假期来了，带孩子散散步、逛逛街、打打球、游游泳、逛逛公园、爬爬山、旅旅游等，不但能开阔孩子的视野、接收信息、增长见识，还能锻炼孩子适应环境的能力，有利于培养孩子活泼开朗的性格。

让网络为学习助力

当下的孩子学习生活都用到了电脑，比如，老师布置作业的时候，把作业内容放在校讯通或者自己的博客里，让孩子回家后上网下载打印后再完成，有的老师干脆布置一些利用网络来完成的作业：“从网上收集成语，然后查找出每个成语的意思。”“从网上搜索一篇你喜欢的童话，打印出来。”等等。

老师这么布置作业，当然有他的想法，主要是为了拓宽孩子的知识面、学习视野，实现灵活掌握知识的目的。有的老师说：“目前，小学生使用的教材已发生了很大变化，不再局限于过去的传统教育方式。很多课程已经要求学生有综合学习能力，要兼顾动手能力和实际操作能力。学校想让孩子自己去上网、下载作业，拿自己的零用钱去打印，其实是一种很好的实践体验。”

可是网络化作业，的确让很多家长叫苦不迭。如果让孩子自己上网打印，担心孩子被网络吸引而不能专心学习；如果家长来做，家长总会有没有时间的时候，一旦家里没有打印机又要增加去打印店打印的事项，让忙碌的家长又添了一份生活负担，可谓苦不堪言。

网络化作业在给家长造成困扰的同时，也导致一些孩子在网络使用上陷入了误区，他们利用网络上“问答”“知道”栏目中可以交流作业做法的功能，去获取答案。孩子这么做，其实省略了学习上最重要的一些环节，就是动脑思考、理解、记忆、运用。学习是一个动脑筋的过程，通过孩子对所学知识的理解实现记忆。如果没有动脑思考、理解的过程，孩子就没有掌握住知识。即使想办法写出了答案，也只是应付了老师布置作业、家长检查作业这件事情。

这样做，一方面反映出孩子学习态度不够端正，另一方面也暴露出孩子在对网络的认识上存在着误区。

其实，家长对作业网络化还有另外一个很大的担忧，那就是担心孩子利用弄作业的时间上网玩游戏、聊天、浏览不健康的网页等。这样的话，不但耽误做作业，也影响智力发展。当然，网络能够开发孩子的智力，但不是通过玩游戏，而是通过阅读网络上的文章、制作自己的网页、建立博客、制作PPT等，在学习与动手操作中增强脑力活动，提升智力。

所以说，要想孩子用好网络而又不被网络伤害，面对学习网络化这样一个局面，以下几方面的工作家长一定要做到。

1.不利用网络抄袭答案

当孩子去网上搜罗作业答案应付老师、家长的时候，说明孩子对学习目的的认识还不够深刻。家长要告诉孩子：“写作业是在帮助你掌握知识，是学习的重要手段，要独立自主地去完成。即使遇到经过周密思考也不会做的难题，也要在向他人请教后好好思考，彻底搞明白。即使借用网络帮助理解，也要思考一下网络上面的解答是否正确。”

为了更好地促进孩子形成独立自主写作业的习惯，家长还可以告诉孩子：“你写完作业，妈妈是要检查的！作业本上做对了，考你的时候做不出来，妈妈要惩罚你重做作业！”

有的孩子从网上抄袭是因为担心自己做不出来，受到父母打骂。所以，家长还要给孩子吃一颗定心丸，告诉孩子：“写作业的时候，有不会的题目，先空出来，妈妈不生气，因为学习阶段，谁都有不会的可能啊！最终弄会了就好了。”

2.理智上网，一天1小时

阅读网络上的文章、制作自己的网页、建立博客、制作PPT、交同龄朋友等，都是很好的网络生活内容，对学习也有很好的帮助。

当孩子做这些事情的时候，家长不要疑神疑鬼地以为孩子做无聊的事呢，放手让孩子去做吧！当孩子感受到了被爱与被信任，奇迹就会出现。

为了预防网络对孩子的伤害，很多家长在不学习的时候，严禁孩子动电脑，这样做是不妥当的。父母管教不如让孩子自律。

真正的自律来源于自由基础上的自主。孩子只有感受到了玩电脑的自由，在此基础上，家长把什么时候玩的自由交给孩子，让孩子自己做主、自己负责，孩子不由自主地就自律了。孩子在成长的过程中最大的愿望就是独立，支持孩子独立的家长是最高明的，也是和孩子沟通最顺利的。

孩子天性好奇，喜欢玩。当孩子对电脑感兴趣的时候，就让孩子玩一玩。玩了一段时间后，家长就告诉孩子，还有其他的事情要做。一般情况下，孩子会很痛快地答应，因为孩子懂得轻重缓急，顶多磨蹭着多玩儿一会儿。接下来，不管是打球、练琴，孩子该干什么就干什么了。在这个过程中，家长切不可有埋怨、指责的味道，那样容易激起孩子的逆反心理，孩子反倒会在上网这方面多花费心思。

既然孩子每天都能玩一会儿电脑，家长不监督、不指责，孩子会觉得自己的家长很开通，到点了就会自觉地关掉电脑。为了让孩子养成好的上网习惯，家长可以跟孩子谈谈，把孩子放学后需要做的事情列举出来，因为所剩时间不多，每天上网1小时，时间由孩子自己确定。孩子看到家长跟自己商量，感受到了家长的尊重，答应得也比较痛快。

每天上网1小时，如果孩子要查阅资料、看新闻什么的，就没有多少玩游戏的时间了。